出纳员岗位实训

杨绍林 主编

版权专有 侵版必究

图书在版编目（CIP）数据

出纳员岗位实训 / 杨绍林主编 .-- 北京：北京理工大学出版社，2019.9
ISBN 978-7-5682-7041-0

I. ①出… Ⅱ. ①杨… Ⅲ. ①现金出纳管理—中等专业学校—教材 Ⅳ. ① F23

中国版本图书馆 CIP 数据核字（2019）第 090378 号

出版发行 /	北京理工大学出版社有限责任公司
社　　址 /	北京市海淀区中关村大街 5 号
邮　　编 /	100081
电　　话 /	（010）68914775（总编室）
	（010）82562903（教材售后服务热线）
	（010）68944723（其他图书服务热线）
网　　址 /	http: //www.bitpress.com.cn
经　　销 /	全国各地新华书店
印　　刷 /	定州市新华印刷有限公司
开　　本 /	787 毫米 ×1092 毫米　1/16
印　　张 /	11
字　　数 /	261 千字
版　　次 /	2019 年 9 月第 1 版　2019 年 9 月第 1 次印刷
定　　价 /	34.00 元

责任编辑 / 张荣君
文案编辑 / 代义国
责任校对 / 周瑞红
责任印制 / 边心超

图书出现印装质量问题，请拨打售后服务热线，本社负责调换

随着社会经济的发展，企业对实用型人才的需求日益增加。《出纳岗位实训》是职业教育财会专业岗位模块教材，根据出纳岗位的特点，根据"以能力为本位，以职业实践为主线，以项目课程为主体"的总体要求编写，注重培养学生的实际操作和应用能力、分析和解决疑难问题的能力，注重对学生岗位职业能力和实践能力的培养。本教材围绕出纳岗位的工作职责，以出纳工作任务为主线，划分成具体的项目，再将每个项目分解成具体的实训模块，各实训模块的内容以学生模拟操作训练为主，旨在培养职业教育会计专业学生从事出纳工作的专业技能，使该专业学生的知识体系逐步形成，岗位职业能力逐步增强，以使学生更好地适应毕业后从学生到员工的角色转变，实现出纳岗位的零距离对接。

本教材的案例采集于企业出纳岗位上经常发生的典型经济业务，所使用的原始凭证、记账凭证、会计账簿等均为仿真的，既培养了学生的实际动手能力，又有助于加深学生对会计基础理论与会计实务工作内在联系的认识；同时，在货币资金业务处理中对发生的经济业务都注明了操作步骤，让学生按照操作步骤完整地处理经济业务，可操作性强，为学生一上岗就能顶岗奠定基础。

本教材共分9个项目。内容具体安排如下：项目1出纳工作交接与出纳基本技能，主要介绍出纳交接表的编制，会计数字书写，人民币鉴别、点纱及验纱，以及保险柜的使用等内容。项目2原始凭证的填制和审核，主要介绍出票日期的大写，原始凭证的填制，原始凭证的审核。项目3记账凭证的填制和审核，主要介绍记账凭证的填制以及记账凭证的装订。项目4现金业务，主要介绍现金收支业务处理，现金清查业务处理，设置和登记现金日记账，现金日记账对账与结账。项目5银行存款业务，主要介绍银行账户的开立，支票结算业务的处理，银行汇票结算业务的处理，汇兑结算业务的处理，委托收款结算业务的处理，托收承付结算业务的处理，银行存款余额调节表的编制，以及错账的更正方法。项目6、项目7分别介绍了如何编制出纳日报表以及出纳会计档案资料的整理与归档。项目8企业税务登记与发票领购业务办理，主要介绍了税务登记证的办理、使用及管理，发票的领购、保管及缴销。项目9是出纳岗位综合业务实训。通过本项目的实践演练，学生

能够更好地掌握整个出纳工作所涉及的知识。

  本教材在编写过程中参考了相关著作，在此，一并对相关著作者表示诚挚的感谢！由于编者水平有限，加之时间仓促，本书不足之处在所难免，敬请同行和读者批评指正。

编者

2019 年

项目 1

出纳工作交接与出纳基本技能 ··· 001
实训 1　出纳交接表的编制 ··· 001
实训 2　会计数字书写 ·· 010
实训 3　人民币鉴别、点钞及验钞 ······································· 012
实训 4　保险柜的使用 ·· 021

项目 2

原始凭证的填制和审核 ··· 024
实训 1　出票日期的大写 ·· 024
实训 2　原始凭证的填制 ·· 025
实训 3　原始凭证的审核 ·· 036

项目 3

记账凭证的填制和审核 ··· 040
实训 1　记账凭证的填制 ·· 040
实训 2　记账凭证的装订 ·· 052

项目 4

现金业务 ·· 059
实训 1　现金收支业务处理 ··· 059
实训 2　现金清查业务处理 ··· 073
实训 3　设置和登记现金日记账 ·· 079
实训 4　现金日记账对账和结账 ·· 085

项目 5

银行存款业务 ·· 090
  实训 1 银行账户的开立 ··· 090
  实训 2 支票结算业务的处理 ·· 092
  实训 3 银行汇票结算业务的处理 ·· 096
  实训 4 汇兑结算业务的处理 ·· 098
  实训 5 委托收款结算业务的处理 ·· 100
  实训 6 托收承付结算业务的处理 ·· 103
  实训 7 银行存款金额调节表的编制 ······································ 110
  实训 8 错账的更正方法 ··· 114

项目 6

编制出纳日报表 ··· 118

项目 7

出纳会计档案资料的整理与归档 ·· 120

项目 8

企业税务登记与发票领购业务办理 ··· 127
  实训 1 税务登记证的办理、使用及管理 ······························· 127
  实训 2 发票的领购、保管及缴销 ·· 132

项目 9

出纳岗位综合业务实训 ··· 135

参考文献 ··· 170

项目 1 出纳工作交接与出纳基本技能

出纳是随着货币及货币兑换业的出现而产生的。所谓"出",即支出;所谓"纳",即收入。

出纳工作是按照有关规定和制度,办理本单位的现金收付、银行结算及有关账务,保管库存现金、有价证券、财务印章及有关票据等工作的总称。简单地讲,出纳工作是管理货币资金、票据、有价证券进进出出的一项工作。从广义上讲,出纳人员既包括会计部门的出纳工作人员,也包括业务部门的各类收款员(收银员)。狭义的出纳人员仅指会计部门的出纳人员。出纳的最基本职能是收付职能,企业经营活动少不了货物价款的收付、往来款项的收付,也少不了各种有价证券以及金融往来业务的办理。

出纳工作直接涉及经济利益,应严格办理交接手续。出纳交接包括两部分内容:一是根据出纳交接表的内容进行实物的交接;二是进行出纳账簿的交接。下面我们首先来模拟出纳交接工作吧。

实训 1　出纳交接表的编制

一、实训目的

(1)掌握会计资料移交程序。
(2)能熟练编写各种移交表以及出纳人员工作交接书。

> **小贴士**
>
> 新出纳进行交接的项目：
> （1）办理移交手续时，由财务主管负责监交。
> （2）移交人员按照交接清单逐步移交，接替人员核对点收。现金必须当面清点、确认。
> （3）交接无误后，由移交人、接交人、监交人各自签章，一式三份，移交双方各执一份，企业留置一份纳入会计档案。

二、实训资料

业务 1：2019 年 8 月 31 日北京凌云股份有限公司出纳员刘浩因工作变动，当日与会计张莉办理交接手续，会计主管孙立监交。

业务 2：

1. 企业有关情况

（1）单位名称：北京凌云股份有限公司。
（2）单位主管：缪建新；财务主管：王薇。
（3）复核：沈益；制单：李刚；出纳：张宁。

2. 相关事项

（1）2019 年 9 月 1 日，出纳员张宁因休产假须办理交接手续，出纳岗位由新招聘的宋丽接任，由财务主管王薇负责监交。

（2）2019 年 9 月 1 日，有关交接内容如下：

①9 月 1 日库存现金账面余额 2 345 060 元，保险箱中库存现金实有数为 2 345 060 元。

②银行存款余额为 2 286 790 元，编制银行存款余额调节表后核对相符。

③移交的账簿：现金日记账 3 本，银行存款日记账 2 本，应收票据备查登记簿 1 本，应付票据备查登记簿 1 本，转账支票领用登记簿 1 本。

④移交的结算凭证：空白现金支票 3 张（098765997 号至 098765999 号），作废现金支票 1 张（号码为 10810911），空白转账支票 3 本（437625 号至 437650 号、437651 号至 437675 号、437676 号至 4376700 号）；电汇凭证 2 本，结算业务委托书 2 本，托收结算凭证 1 本。

要求：根据实训资料中的相关事项编制出纳交接表（见图 1-1-1）。

出纳交接表

原出纳人员_____因工作调动,财务部已决定将出纳工作移交给_____接管,办理如下交接。

一、交接日期

___年__月__日。

二、具体业务的移交

1. 库存现金:2019 年 9 月 1 日账面余额为_____元,账实相符,日记账余额与总账相符。

2. 银行存款余额明细如下:

币种	银行账户名称	账号	存款余额	备注
人民币				基本户

以上数据与 2019 年 9 月 1 日银行提供的银行对账单余额核对相符。

三、移交的账簿

1. 本年度现金日记账___本。

2. 本年度银行存款日记账___本。

3. 应收票据备查登记簿___本。

4. 应付票据备查登记簿___本。

5. 转账支票领用登记簿___本。

四、移交的结算凭证

1. 空白现金支票___张(_____号至_____号),作废现金支票___张(号码为_____)。

2. 空白转账支票___本(_____号至_____号)。

3. 电汇凭证___本,结算业务委托书___本,托收结算凭证___本。

五、物件交接

1. 保险箱___个,钥匙___把。

2. 网上银行 U 盘___个,网上银行验证器___个。

3. 银行预留印鉴卡___张。

4. 支票购买证___本。

5. 银行开户许可证___本。

6. 电子回单柜 IC 卡___张。

六、印鉴

1. 公司财务印章___枚。

2. 私章___枚。

七、交接前后工作责任的划分

2019 年 9 月 1 日前的出纳责任事项由_____负责,2019 年 9 月 1 日起的出纳工作由_____负责。以上移交项均经交接双方确认无误。

本交接书一式三份,双方各执一份,存档一份。

移交人:_____

接管人:_____

监交人:_____

公司财务(公章)

___年__月__日

图 1-1-1 出纳交接表(空白)

三、实训操作

业务 1：
1. 移交前的准备工作

为了使出纳工作移交清楚，防止遗漏，保证出纳交接工作顺利进行，出纳员刘浩在办理交接手续前，做了以下准备工作：

（1）登记出纳账簿。将已经受理的经济业务尚未登记完毕的现金、银行存款日记账登记完毕，并在最后一笔余额后加盖名章。

（2）结账和对账。现金日记账、银行存款日记账与总账核对相符，现金账面余额与实际库存现金核对相符，银行存款账面余额与银行对账单核对相符。如有不符，要找出原因，弄清问题，加以解决，务必在移交前做到相符。

（3）整理移交资料。整理应移交的各类资料，对未了事项写出书面说明。出纳员刘浩对该收回的款项进行催收，对该支付的款项及时支出；清理与核对各种借款，清查与整理各类现金、票据、有价证券、收据及借据，归档文件资料等；对该收回未收回或该支出未支出的款项，或者其他未了事项做出书面说明。

（4）填写出纳账簿启用表。在现金、银行存款等出纳账簿启用表上填上移交日期，并签名盖章。

（5）编制移交清册。根据清理情况，编制移交清册，并注明移交的账簿、凭证、现金、支票簿、文件资料、印鉴和其他物品的具体名称和数量。移交清册一式三份：存档一份、交接双方各一份。移交清册由交接表和交接说明书两部分组成。

①库存现金移交表见表 1-1-1。2019 年 8 月 31 日，北京凌云股份有限公司的出纳员刘浩与会计张莉办理交接，会计主管孙立进行监督。盘点库存现金中有 6 张 100 元，5 张 50 元，3 张 20 元，5 张 5 元，2 张 2 元，6 枚 1 元，2 枚 5 角，4 枚 2 角，8 枚 1 角。

表 1-1-1 库存现金移交表

币种：人民币　　　　　　　　移交日期：2019 年 8 月 31 日　　　　　　　　单位：元

币别	数量	移交金额	接收金额	备注
100 元	6	600	600	
50 元	5	250	250	
20 元	3	60	60	
10 元	0	0	0	
5 元	5	25	25	
2 元	2	4	4	

续表

币别	数量	移交金额	接收金额	备注
1元	6	6	6	
5角	2	1	1	
2角	4	0.8	0.8	
1角	8	0.8	0.8	
合计		947.60	947.60	

单位领导人：万平　　移交人：刘浩　　监交人：孙立　　接管人：张莉

出纳员刘浩根据库存现金实有数，按币种（人民币）、币别分别填入库存现金移交表，交会计张莉审核，会计主管孙立进行监督。

②银行存款移交表见表1-1-2。交接中公司在中国工商银行北京平安里支行开立基本存款账户，账号8145105867508100215，是活期存款。银行存款余额为508 954 000元，银行对账单金额为508 954 000元，两者一致。出纳员刘浩根据账面数、实有数、币种、期限、开户银行等分别填写银行存款移交表，交会计张莉审核，会计主管孙立进行监督。

表1-1-2　银行存款移交表

移交日期：2019年8月31日　　　　　　　　　　　　　　　单位：元

开户银行	账号	币种	期限	账面数	实有数	备注
工商银行北京平安里支行	8145105867508100215	人民币	活期	508 954 000	508 594 000	
合计				508 954 000	508 954 000	

附件及说明：
（1）账面数为银行存款日记账金额，实有数为译账单金额。
（2）银行存款余额调节表1份。
（3）银行印鉴卡片1张。

单位领导人：万平　　移交人：刘浩　　监交人：孙立　　接管人：张莉

③有价证券、贵重物品移交表见表1-1-3。交接中发现该单位有2017年的面值为1元的A股股票1 000 000张，2018年6月20日购买的面值为100元的债券40 000张，到期日为2019年6月20日。

出纳员刘浩根据有价证券、贵重物品的购入日期、数量、面值和到期日期分别填写有价证券、贵重物品移交表，交会计人员张莉审核，会计主管孙立进行监督。

表 1-1-3 有价证券、贵重物品移交表

移交日期：2019 年 8 月 31 日　　　　　　　　　　　　　　　　　单位：元

名称	购入日期	单位	数量	面值	金额	到期日	备注
A 股股票	2017 年	张	1 000 000	1	1 000 000		
债券	2018 年 6 月 20 日	张	40 000	100	4 000 000	2019 年 6 月 20 日	

单位领导人：万平　　　移交人：刘浩　　　监交人：孙立　　　接管人：张莉

④核算资料移交表见表 1-1-4。核算资料包括出纳账簿、收据、借据、银行结算凭证、凭据领用使用登记簿以及其他文件资料。

表 1-1-4 核算资料移交表

移交日期：2019 年 8 月 31 日

名称	年度	数量（本）	起止日期	备注
现金日记账	2019	1	2019 年 1 月 1 日至 2019 年 8 月 31 日	
银行存款日记账	2019	1	2019 年 1 月 1 日至 2019 年 8 月 31 日	
收据领用登记簿	2019	1	2019 年 1 月 1 日至 2019 年 8 月 31 日	
支票领用登记簿	2019	1	2019 年 1 月 1 日至 2019 年 8 月 31 日	
收据	2019	1	2019 年 1 月 1 日至 2019 年 8 月 31 日	
现金支票	2019	1	2019 年 1 月 1 日至 2019 年 8 月 31 日	
转账支票	2019	1	2019 年 1 月 1 日至 2019 年 8 月 31 日	

单位领导人：万平　　　移交人：刘浩　　　监交人：孙立　　　接管人：张莉

北京凌云股份有限公司出纳、会计工作交接过程中，移交的 2019 年 1 月 1 日—8 月 31 日的现金日记账、银行存款日记账、收据领用登记簿、支票领用登记簿、收据、现金支票 001122200～001122225、转账支票 357943000～357943025 各一本，由出纳员刘浩根据实际情况填入核算资料移交表，交会计张莉审核，会计主管孙立进行监督。

⑤物品移交表见表 1-1-5。物品主要包括会计物品、公用会计工具等。北京凌云股份有限公司出纳、会计在工作交接时，经清点确认公司有下列物品：2019 年 2 月购买一个保险柜，型号为 A580，文件柜两个；2019 年 3 月 10 日购买 C600 点钞机一台；2019 年 3 月 2 日购买惠普打印机 V10 一台；2019 年 5 月购买蓝盾密码箱一个；2019 年 6 月购买银行预留印鉴（公司财务转讫印章、现金收讫印章、现金付讫印章、法人代表私章各 1 枚）。

出纳员刘浩根据上述情况填写物品移交表，交会计张莉审核，会计主管孙立进行监督。

表 1-1-5 物品移交表

名称	型号	购入日期	单位	数量	备注
保险柜	A589	2019年2月	个	1	
文件柜		2019年2月	个	2	
点钞机	G600	2019年3月	台	1	
打印机	惠普V10	2019年3月	台	1	
蓝盾密码箱		2019年5月	个	1	
银行预留印鉴	公司财务转讫印章、现金收讫印章、现金付讫印章、法人代表私章	2019年6月	个	4	

单位领导人：万平　　　移交人：刘浩　　　监交人：孙立　　　接管人：张莉

⑥出纳人员工作交接书如图 1-1-2 所示。出纳员刘浩把移交表中无法列入或尚未列入的内容在工作交接书中做具体说明。该交接书中包括交接日期、交接双方及监接人员的职务和姓名、移交清册页数、需要说明的问题和意见。

出纳人员工作交接书

原出纳刘浩因工作变动，将出纳工作移交给会计张莉接管，现办理如下交接手续。
一、交接日期
2019 年 8 月 31 日。
二、具体业务的移交
1. 库存现金：8 月 31 日账面余额为 947.60 元，与实存相符，日记账余额与总账相符。
2. 有价证券：A 股股票 1 000 000 元、债券 4 000 000 元，经审核无误。
3. 银行存款 508 954 000 元，与银行对账单核对相符，编写了银行存款余额调节表。
三、移交的凭证、账簿、文件
1. 本年度现金日记账 1 本。
2. 本年度银行存款日记账 1 本。
3. 空白现金支票 1 本（001122200 ~ 001122225）。
4. 空白转账支票 1 本（35794300 ~ 357943025）。
5. 收据领用登记簿 1 本。
6. 支票领用登记簿 1 本。
7. 收据壹本。
8. 保险柜 1 个，文件柜 2 个，点钞机 1 个，打印机 1 个，密码箱 1 个。
四、印章
1. 财务转讫印章 1 枚。
2. 财务现金收讫印章 1 枚。
3. 财务现金付讫印章 1 枚。
4. 法人代表私章 1 枚。
五、交接前后的责任划分
2019 年 8 月 31 日前的出纳责任事项由刘浩负责，2019 年 8 月 31 日起的出纳工作由张莉负责。以上事项均经交接双方确认无误。
本交接书一式三份，双方各执一份，存档一份。

移交人：刘浩
接管人：张莉
监交人：孙立

北京凌云股份有限公司财务处
2019 年 8 月 31 日

图 1-1-2 出纳人员工作交接书

2. 正式交出出纳工作

（1）交出出纳账簿。账簿交接时，出纳员刘浩核对出纳日记账与总账、出纳日记账与库存现金和银行对账单的余额是否相符。核对无误后，由接管人会计张莉在结账数下签名盖章（如有不符，接管人出纳员刘浩须查明原因，在移交清册中注明，并负责处理）。

（2）交接银行存款和有关票据、票证，更换印鉴章。交接银行存款和有关票据、票证，更换印鉴章时，出纳员刘浩核对银行存款日记账与银行对账单是否一致（如有问题交接双方做如下处理：交接双方到开户银行当场复核；核对无误后，移交票据、票证，同时更换留在银行的私人印章）。

（3）移交有价证券、贵重物品。有价证券根据出纳账簿和备查账簿余额进行点收。其他贵重物品按照移交数字，由移交人出纳员刘浩交予接管人会计张莉点收。验证无误后，接管人会计张莉表示接受，并在贵重物品登记簿上签章。

（4）移交保险柜密码，重要台、室钥匙。保险柜密码，重要台、室钥匙按照规定程序进行移交。移交完毕后，为了安全起见，接管人会计张莉重新更换了保险柜密码，重要台、室钥匙。

（5）移交公章和其他实物。接管人会计张莉按移交清册接受公章和其他实物。其中，公章主要包括财务专用章、发票专用章、法人代表章等。

（6）移交完毕，签名盖章。交接完毕后，交接双方和监交人在移交清册上签名或盖章。

> 交接后相关规定：
> 交接结束后，接管人员应认真接管移交工作，继续办理移交未了的事项；接管人员应继续使用移交账簿，不得另行开立新账，以保持会计记录的连续性。移交后，移交人员不能免除责任，即移交人员对移交的会计凭证、会计账簿、会计报表和其他资料的合法性、真实性承担法律责任。

业务2：
编制的出纳交接表如图1-1-3所示。

出纳交接表

原出纳人员 张宁 因工作调动，财务部已决定将出纳工作移交给 宋丽 接管，办理如下交接。

一、交接日期

2019 年 9 月 1 日。

二、具体业务的移交

1. 库存现金：2019 年 9 月 1 日账面余额为 2 345 060.00 元，账实相符，日记账余额与总账相符。

2. 银行存款余额明细如下：

币种	银行账户名称	账号	存款余额（元）	备注
人民币	北京凌云股份有限公司	29640040270201010 15	2 286 790.00	基本户

以上数据与 2019 年 9 月 1 日银行提供的银行对账单余额核对相符。

三、移交的账簿

1. 本年度现金日记账 3 本。

2. 本年度银行存款日记账 2 本。

3. 应收票据备查登记簿 1 本。

4. 应付票据备查登记簿 1 本。

5. 转账支票领用登记簿记簿 1 本。

四、移交的结算凭证

1. 空白现金支票 3 张（098765997 号至 098765999 号），作废现金支票 1 张（号码为 10810911）。

2. 空白转账支票 3 本（434625 号至 437650 号，437651 号至 437675 号，437676 号至 4376100 号）。

3. 电汇凭证 2 本，结算业务委托书 2 本，托收结算凭证 1 本。

五、物件交接

1. 保险箱 1 个，钥匙 1 把。

2. 网上银行 U 盘 1 个，网上银行验证器 1 个。

3. 银行预留印鉴卡 3 张。

4. 支票购买证 1 本。

5. 银行开户许可证 1 本。

6. 电子回单柜 IC 卡 1 张。

六、印章

1. 公司财务印章 1 枚。

2. 私章 1 枚。

七、交接前后工作责任的划分

2019 年 9 月 1 日前的出纳责任事项由 张宁 负责，2019 年 9 月 1 日起的出纳工作由 宋丽 负责。以上移交项均经交接双方确认无误。

本交接书一式三份，双方各执一份，存档一份。

移交人：张宁
接管人：宋丽
监交人：王薇
公司财务（公章）
2019 年 9 月 1 日

图 1-1-3 出纳交接表

小贴士

《会计基础工作规范》对出纳工作还有一些限制性规定，如出纳人员不得兼管会计财务档案的保管工作，不得介入企业财政收支、债权债务的登记工作，不得以任何名义代替专业会计人员进行账务稽核工作，等等。

实训 2 会计数字书写

一、实训目的

（1）掌握数字和文字的书写规则。
（2）掌握有关零的写法。
（3）了解中文大写金额数字常见错误。
（4）掌握中文大写金额数字错误的订正方法。

二、实训资料

业务 1：将下列阿拉伯数字用正确的汉字书写。
（1）小写金额 6 500 元。
（2）小写金额 3 150.50。
（3）小写金额 105 000.00 元。
（4）小写金额 60 036 000.00 元。
（5）小写金额 35 000.96 元。
（6）小写金额 150 001.00 元。

业务 2：2019 年 5 月 2 日单位 12 位收银员报来的收入明细资料如下（见表 1-2-1）。

表 1-2-1 收银员交款统计表

序号	人民币面额钞券张数							金额（元）
	100 元	50 元	20 元	10 元	5 元	1 元	0.5 元（5 角）	
1	54	65	72	78	86	18	93	
2	34	42	67	89	60	21	34	
3	23	45	65	76	84	90	70	
4	42	45	23	65	56	78	34	

续表

序号	人民币面额钞券张数							金额（元）
	100元	50元	20元	10元	5元	1元	0.5元（5角）	
5	78	56	99	54	87	54	62	
6	34	87	77	32	46	31	32	
7	12	67	33	11	21	21	76	
8	34	54	22	77	54	42	80	
9	56	32	11	66	60	54	67	
10	83	13	10	90	80	90	70	
11	43	23	98	88	19	98	83	
12	12	43	666	55	22	12	52	
合计								

要求：根据以上收据面额钞券的数量计算并填写收银员交款统计表。

三、实训操作

业务1：

（1）小写金额 6 500 元，汉字写法为人民币陆仟伍佰元整。

（2）小写金额 3 150.50 元，汉字写法为人民币叁仟壹佰伍拾元零伍角整。

（3）小写金额 105 000.00 元，汉字写法为人民币壹拾万零伍仟元整。

（4）小写金额 60 036 000.00 元，汉字写法为人民币陆仟零叁万陆仟元整。

（5）小写金额 35 000.96 元，汉字写法为人民币叁万伍仟元零玖角陆分。

（6）小写金额 150 001.00 元，汉字写法为人民币壹拾伍万零壹元整。

业务2： 2019年5月2日单位12位收银员报来的收入明细资料如下（见表1-2-2）。

表1-2-2 收银员交款统计表

序号	人民币面额钞券张数							金额（元）
	100元	50元	20元	10元	5元	1元	5角	
1	54	65	72	78	86	18	93	11 364.5
2	34	42	67	89	60	21	34	8 068
3	23	45	65	76	84	90	70	7 155
4	42	45	23	65	56	78	34	7 935
5	78	56	99	54	87	54	62	13 640
6	34	87	77	32	46	31	32	9 887
7	12	67	33	11	21	21	76	5 484
8	34	54	22	77	54	42	80	7 662
9	56	32	11	66	60	54	67	8 467.5
10	83	13	10	90	80	90	70	10 575
11	43	23	98	88	19	98	83	8 524.5
12	12	43	666	55	22	12	52	17 368
合计	50 500	28 600	24 860	7 810	3 375	609	376.5	116 130.5

> **知识链接**
>
> 必须依据财政部制定的《会计基础工作规范》的要求填制会计凭证,字迹必须清晰、工整,并符合下列要求:
>
> (1)阿拉伯数字应一个一个地写,阿拉伯数字前应当书写货币币种符号(如人民币符号"¥")或者货币名称简写。币种符号与阿拉伯数字之间不得留有空白,凡在阿拉伯数字前面写有币种符号的,数字后面不再写货币单位(如人民币"元")。
>
> (2)所有以元为单位(其他货币种类以其货币符号为基本单位)的阿拉伯数字,除表示单价等情况外,一律在元位小数点后填写到角分:无角分的,角、分位可写"00"或符号"—";有角无分的,分位应写"0",不得用符号"—"代替。
>
> (3)汉字大写金额数字一律用正楷或行书书写,如壹、贰、叁、肆、伍、陆、柒、捌、玖、拾、佰、仟、万、亿、元、角、分、零、整(正)等易于辨认、不易涂改的字样,不得用O、一、二、三、四、五、六、七、八、九、十等简化字代替,不得任意自造简化字。
>
> (4)大写金额数字到元或角为止的,在"元"或"角"之后应写"整"或"正"字;大写金额数字有分的,分字后面不写"整"字。
>
> (5)大写金额数字前未印有货币名称的,应当加填货币名称(如"人民币"三个字),货币名称与金额数字之间不得留有空白。
>
> (6)阿拉伯数字中间有"0"时,大写金额要写"零"字。如人民币101.50元,汉字大写金额应写成"人民币壹佰零壹元伍角整"。阿拉伯数字中间连续有几个"0"时,汉字大写金额中可以只写一个"零"字。如¥1 004.56,汉字大写金额应写成"人民币壹仟零肆元伍角陆分"。阿拉伯数字元位为"0",或数字中间连续有几个"0",元位也是"0",但角位不是"0"时,汉字大写金额可只写一个"零"字,也可不写"零"字。

实训3 人民币鉴别、点钞及验钞

随着科学的发展,现在假币的制作手段也越来越高超,出纳在日常工作中经常接触大量的现金,因此,掌握识别人民币真伪的知识是很有必要的。

一、实训目的

(1)能识别人民币的真伪。
(2)掌握常用单指、多指多张点钞法。

（3）在日常生活中观察人民币，加强对防伪标识的识别，以掌握具有辨别真伪的技能。

二、实训资料

1. 企业有关情况

（1）单位名称：北京凌云股份有限公司（一般纳税人）；纳税人识别号：659068750712345。

（2）法人代表：王国柱；财务主管：王薇。

（3）会计：吕丽；复核：沈益；制单：李刚；出纳：张宁。

（4）单位地址及电话：北京市大兴区林校路 98 号，010-82676888。

（5）开户行及账号：中国工商银行北京大兴经济开发区支行，2964004027020101015。

2. 企业有关经济业务

业务 1：出纳张宁收到销售部张行报销退回多余的现金 452 元，她要仔细检验以防收到假币，给企业和自己造成损失。

业务 2：出纳张宁发现张凯退回多余的现金中有几张 100 元是残币。其中，一张 100 元面值的，表面污损变色，但能辨别为真币；一张 50 元的，票面残缺 215，其余部分完好；一张 20 元的，票面被熏焦变色，无法辨别真假。

业务 3：出纳张宁收到款项 1 000 元，用常用单指单张点钞法进行点钞。

业务 4：出纳张宁收到现金 4 560 元（系前欠归还货款），用多指多张点钞法进行快速点钞。

业务 5：出纳张宁将手工点好的钞票放入点钞机辨别真伪并进行核对。

三、实训操作

业务 1：出纳张宁对所收现金 452 元进行人民币真伪的鉴别（见图 1-3-1）。

图 1-3-1　辨别人民币真伪

（1）百元钞票上有隐形的"100"字样，出纳张宁把票面放到和眼睛接近平行的位置，对着光源看到"100"字样（假币是直接印上去的，任何角度都能看到"100"的字样）。

（2）用手摸图案和文字，凸凹感非常明显（假币没有凸凹感）。

（3）观察金属线，有一条完整的金属线（假币中间一般有明显断续）。

（4）对着光看，钞票两面的图形会合在一起，成为一个非常完整的中国古铜钱形状（假币不能合成圆形）。

（5）出纳张宁将真币上下晃动，"100"的字样一会儿变蓝，一会儿变绿（假币完全不变颜色）。

知识链接

一、如何鉴别50元假币

（1）真币上位于正面左侧空白处，迎光透视，可以看到与主景人像相同、立体感很强的毛泽东头像水印。而假币毛泽东头像的水印不完整，和国徽的倒影不贴近。

（2）真币中的安全线可以看到缩微文字"RMB50"字样，而假币无安全线。真币采用手工雕刻凹版印刷工艺，凹凸感强，易于识别。假币盲点有凹凸感，但不细致，手感粗糙。

二、如何鉴别20元假币

（1）20元真币的纸张都是特制的，弹、折、叠时都能发出清脆的声音，而假币的声音不同。

（2）真币图案清晰，用手触摸有明显的凹凸感。

（3）假币图案模糊，色彩偏重，无凹凸感。

（4）真币的安全线在钞票纸中间，明暗相间。假币的安全线是从正面加印上去的，位置有偏差。

（5）假币有数字的重叠现象，没有无色荧光纤维丝，背面的桂林山水无绿色的荧光。

三、如何鉴别10元假币

假币从外观上看很逼真，但细看就可发现，其颜色较深，手感较粗糙。而透过灯光，假币毛泽东头像缺乏立体感，水印相对模糊。

四、如何鉴别5元假币

（1）看钞票的水印是否清晰，有无层次感和立体效果。

（2）看有无安全线。真币的安全线是在造纸时采用专门工艺夹在纸张中制成的，迎光清晰可见，有的上面还有缩微文字。假币的安全线一般用特殊油墨描绘在纸张表面，平视可见，迎光看则模糊不清。

五、如何鉴别硬币真伪

（1）首先看是否生锈，真币因为采用的钢质特殊，且镀层牢固，不易生锈，而假币镀层易脱落，极易生锈。

（2）看硬币的图案清晰与否，真币的花瓣及叶脉非常清晰，而假币则模糊不清。

（3）真币的边缘整齐而且厚度均匀，而假币则边缘粗糙并且厚度不均匀。

业务2： 出纳张宁对收到的残币根据以下三种情况进行处理。

1. 全额兑换

凡残币属于下列情况之一的，根据中国人民银行的规定，可持币向银行营业部门全额兑换。

（1）票面残缺部分不超过15%，其余部分的图案、文字能照原样连接者。

（2）票面污损、熏焦、水湿、油浸、变色，但能辨别为真币，票面完整或残缺不超过1/5，票面其余部分的图案、文字能照原样连接者。

故面额100元的残币可送银行全额兑换。

2. 半额兑换

票面残缺1/5~1/2，其余部分的图案、文字能照原样连接者，应持币向银行照原面额的半数兑换。故面额50元的残币可向银行申请半数兑换。

3. 不予兑换

凡残币属于下列情况之一者，由中国人民银行收回并销毁，不得流通使用。

（1）票面污损、熏焦、水湿、变色，不能辨别真假。

（2）故意挖补、涂改、剪贴、拼凑、揭去一面。

故20元的人假币应送银行予以销毁。

出纳张宁挑拣、粘补整理好残币，送银行处理。

业务3： 具体步骤如图1-3-2所示。

图1-3-2　手持式单指单张点钞法

（1）拆把（见图1-3-3）。

图1-3-3　拆把

（2）持钞（见图1-3-4）。

图1-3-4　持钞

（3）点钞（见图1-3-5）。

图1-3-5　点钞

（4）计数（见图1-3-6）。

1、2、3、4、5、6、7、8、9、1
1、2、3、4、5、6、7、8、9、2
⋮　　　　　　　　　⋮
1、2、3、4、5、6、7、8、9、10

图1-3-6　计数

小贴士

计数与点钞同时进行。在点数速度快的情况下，往往由于计数迟缓而影响点钞的效率，因此计数应该采用分组计数法。把10作1记，即1、2、3、4、5、6、7、8、9、1（10），1、2、3、4、5、6、7、8、9、2（20），1、2、3、4、5、6、7、8、9、3（30）。以此类推，数到1、2、3、4、5、6、7、8、9、10（100）。

（5）扎把（见图1-3-7）。

图1-3-7　夹条缠绕式扎把

（6）盖章（见图1-3-8）。

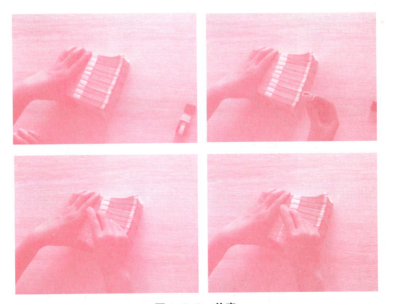

图1-3-8　盖章

业务4：出纳张宁按下列步骤进行多指多张点钞：

（1）拆把（见图1-3-9）。

图 1-3-9　拆把

（2）持钞（见图 1-3-10）。

图 1-3-10　持钞

（3）点钞（见图 1-3-11）。

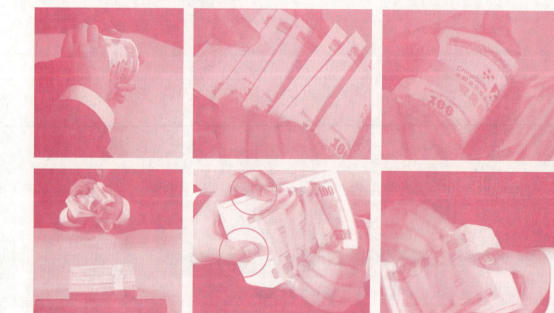

图 1-3-11　点钞

（4）计数。采用分组计数法。每次点四张为一组，记满25组为100张（图略）。

（5）扎把（见图1-3-12）。

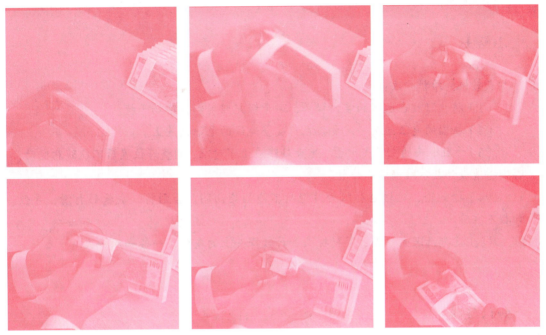

图1-3-12 扎把

（6）盖章（图略）。

业务5：出纳张宁按下列步骤使用点钞机：

（1）打开点钞机的开关。

（2）持票拆把。

（3）将钞票放入点钞机清点（见图1-3-13）。

图1-3-13 将钞票放入点钞机下钞斗

（4）计数。

（5）扎把。

（6）盖章。

 小贴士

点钞机的维护方法：

（1）将机器放在通风的室内操作，避免强光照射和强磁场干扰。

（2）机器的电源插头一定要接在有安全地线的电源插座上。

（3）计数探头的上下光电管、光束轴线应上下对准，调整好位置后不能随意变动，否则将造成计数不准确或不计数。

（4）捻钞轮、对转轮和阻力片绝对不能沾染油脂，否则将造成捻钞打滑，导致计数不准确。

（5）定期清理光电管、鉴伪探头和计数探头上的灰尘，一般一周一次。

知识链接

点钞机的基本功能键

（1）启动键。停机再运行或使用手动键时，须按此键。

（2）清零键。需要回"0"重新计数时，按此键。

（3）光检键（或光检指示灯）。按下此键（或光检指示灯亮），可以清点不同面值的无紫光反应的钞票。一般情况下，开启机器时紫光鉴伪也同时启用，无须特别设置。

（4）磁检键（或磁检指示灯）。按下此键（或磁检指示灯亮），能混点不同面值的有磁性反应的钞票。

（5）数码键（或数码指示灯）。按下此键（或数码指示灯亮），第四套人民币和第五套人民币不能混点，第四套人民币100元和5元可以混点，第五套人民币50元、20元、10元、5元可以混点。

（6）累加键。可连续累计清点数的总值，直至数值显示"999"张后，即回到"0"重新计算。

（7）预置键。按下此键，预置显示窗将会依次显示10、20、25、50、100、空白等字样，通过按"+"或"-"键能设置理想的数字，设置完毕就可以进行票面的清点。若取消预置数可再按一次此键。

项目1 出纳工作交接与出纳基本技能

实训4 保险柜的使用

一、实训目的

（1）了解保险柜的相关知识。
（2）掌握保险柜的开启方法。

二、实训资料

1. 企业有关情况

（1）单位名称：北京凌云股份有限公司（一般纳税人）；纳税人识别号：650068750712345。
（2）法人代表：王国柱；财务主管：王薇。
（3）会计：吕丽；复核：沈益；制单：李刚；出纳：张宁。
（4）单位地址及电话：北京市大兴区林校路98号，010-82676888。
（5）开户行及账号：中国工商银行北京大兴经济开发区支行，2964004027020101015。

2. 企业有关经济业务

出纳张宁对公司新购入的保险柜进行添加指纹操作，并将从银行提取的备用款10 000元放入。

三、实训操作

小贴士

指纹密码锁保险柜是利用自动指纹识别系统的原理，通过电子部件及机械部件的精密组合而生产出的（见图1-4-1）。

图 1-4-1 指纹密码保险柜

指纹密码锁保险柜利用识别指纹的方式打开，其重要的操作过程就是添加用户指纹，添加数量根据产品说明书而定，添加上的任意一枚指纹均可以打开保险柜。

出纳张宁对新购保险柜进行如下操作：

（1）按添加键进入用户添加模式，将食指连续按放 2 次，听到提示"滴滴"两声短响、绿灯闪亮后，指纹添加成功。

（2）用设置好的指纹打开保险柜后，将从银行提取的备用款 10 000 元放入。

知识链接

保险柜在使用中的注意事项

一、保险柜的管理

保险柜一般由总会计师或财务处（科、股）长授权，由出纳员负责管理使用。为了增加保险柜的安全系数，保险柜的密码设置应遵循位数长、数字重复率低的原则，这样保险柜的密码才不易被破解，才能增加保险柜的防卫能力和安全度。

二、保险柜钥匙的配备

保险框要配备两把钥匙，一把由出纳员保管，供出纳员日常工作开启使用；另一把交由保卫部门封存，或由单位总会计师或财务处（科、股）长负责保管，以备特殊情况下经有关领导批准后开启使用。出纳员不能将保险柜钥匙交由他人代为保管。

三、保险柜的开启

保险柜只能由出纳员开启使用，非出纳员不得开启保险柜。如果单位总会计师或财务处（科、股）长需要对出纳员工作进行检查，如检查库存现金限额、核对实际库存现金数额，或者有其他特殊情况需要开启保险柜的，应按规定的程序由总会计师或财务处（科、股）长开启。一般情况下不得任意开启由出纳员掌管使用的保险柜。

四、财物的保管

每日终了后，出纳员应将其使用的空白支票（包括现金支票和转账支票）、银钱收据印章等放入保险柜。按规定，保险柜不得存放私人财物。

五、保险柜密码的保密

出纳员应将自己保管使用的保险柜密码严格保密，不得向他人泄露，以防被他人利用。出纳员调动岗位，新出纳员应更换、使用新密码。

六、保险柜的维护

保险柜应放置在隐蔽、干燥之处，注意通风、防湿、防虫和防鼠。保险柜外要经常擦拭。保险柜内的财物应保持整洁卫生、存放整齐。一旦保险柜发生故障，应到公安机关指定的维修点进行修理，以防泄密或失窃。

七、保险柜被盗的处理

出纳员发现保险柜被盗后应保护好现场，迅速报告公安机关（或保卫部门）。节假日2天以上或出纳员离开2天以上没有派人代其工作的，应在保险柜锁孔处贴上封条，出纳员到岗工作时揭封。如发现封条被撕掉或锁孔处被损坏，应迅速向公安机关或保卫部门报告，以使公安机关或保卫部门及时查清情况，防止不法分子进一步作案。

项目 2 原始凭证的填制和审核

原始凭证是会计工作的起始环节，是记账的原始依据。出纳人员每天需要填制和审核各种原始凭证，如到银行提取现金需要填制现金支票，收到转账支票需要填制进账单办理进账手续，对于各种报销业务需要审核各种原始凭证，等等。原始凭证就是出纳人员的"咽喉"，必须正确填制、审核并保管好。规范、美观地填制原始凭证将助出纳人员踏上职场成功之路。原始凭证的填制和审核包括三方面内容：一是重要原始凭证出票时间的大写；二是原始凭证的填制；三是原始凭证的审核。本项目实训将围绕这三项内容展开。

实训 1 出票日期的大写

一、实训目的

掌握重要原始凭证上出票日期的大写。

二、实训资料

（1）2019 年 2 月 20 日。
（2）2019 年 3 月 30 日。
（3）2019 年 5 月 15 日。
（4）2019 年 10 月 20 日。
（5）2019 年 10 月 8 日。
（6）2019 年 4 月 6 日。
（7）2019 年 6 月 10 日。
（8）2019 年 7 月 16 日。
（9）2019 年 8 月 20 日。
（10）2019 年 11 月 1 日。

要求：根据资料在对应处写出出票日期的大写。

三、实训操作

（1）2019年2月20日汉字写法为二〇一九年二月二十日/贰零壹玖年零贰月贰拾日。
（2）2019年3月30日汉字写法为二〇一九年三月三十日/贰零壹玖年零叁月叁拾日。
（3）2019年5月15日。汉字写法为二〇一九年五月十五日/贰零壹玖年零伍月壹拾伍日。
（4）2019年10月20日汉字写法为二〇一九年十月二十日/贰零壹玖年壹拾月贰拾日。
（5）2019年10月8日汉字写法为二〇一九年十月八日/贰零壹玖年壹拾月零捌日。
（6）2019年4月6日汉字写法为二〇一九年四月六日/贰零壹玖年零肆月零陆日。
（7）2019年6月10日汉字写法为二〇一九年六月十日/贰零壹玖年零陆月壹拾日。
（8）2019年7月16日汉字写法为二〇一九年七月十六日/贰零壹玖年零柒月壹拾陆日。
（9）2019年8月20日汉字写法为二〇一九年八月二十日/贰零壹玖年零捌月贰拾日。
（10）2019年11月1日汉字写法为二〇一九年十一月一日/贰零壹玖年壹拾壹月零壹日。

实训2　原始凭证的填制

一、实训目的

（1）能根据原始凭证分析经济业务的发生情况。
（2）能根据经济业务正确填制相关原始凭证。

二、实训资料

1. 企业有关情况

（1）单位名称：北京凌云股份有限公司（一般纳税人）；纳税人识别号：659068750712345。
（2）法人代表：王国柱；财务主管：王薇。
（3）会计：吕丽；复核：沈益；制单：李刚；出纳：张宁。
（4）单位地址及电话：北京市大兴区林校路98号，010-82676888。
（5）开户行及账号：中国工商银行北京大兴经济开发区支行，29640040270201015。

2. 企业有关经济业务

2019年10月，企业有关经济业务如下。

业务1： 15日，因库存现金不足，准备从银行提取现金 20 000 元备用。

业务2： 18日，业务员李民持费用报销单（见图 2-2-1）和发票（见图 2-2-2）前来报销，出纳张宁签发转账支票支付广告费。

北京凌云股份有限公司　　费用报销单

购物（建业务往来）日期：*2019* 年 *10* 月 *18* 日			背面附原始凭证 *1* 张		
	内　　　容	层票号	单位	数量	金额
1	支付广告费	00031985			18 000.00
2					
3					
备注：					
实报金额（大写）**人民币壹万捌仟元整**				￥ **18 000**	
审批	**王国柱**	稽核	**沈益**	验收	**王敏**	经手人	**李民**

图 2-2-1　费用报销单

北京市广告业专用发票

纳税人识别号：609068750712345				发票代码：232020672211	
客户名称：北京凌云股份有限公司				发票号码：00031985	
开票日期：*2019* 年 *10* 月 *18* 日					
项目	单位	数量	单价	金额	备注
广告费				18 000.00	
合计人民币（大写）	壹万捌仟元整		￥ 18 000.00		
机打票号：0030980				税控防伪码：	
开户银行：中国工商银行青年路营业所　账号：28839456231453781					
加盖开票单位发票专用章有效				税控编号：	

图 2-2-2　发票

业务3： 18日，企业发出商品一批，按购销合同规定采用托收承付结算方式（电划）办理结算，销售发票如图 2-2-3 所示，代垫运杂费清单如图 2-2-4 所示。

项目 2　原始凭证的填制和审核

北京市增值税专用发票

000012556　　　　　　　　　　　　　　　　　　　　　　　　　No　10991860

发票联　　　　　　　　　　　　　　　　　　　　　　　开票日期：2019 年 7 月 4 日

购货单位	名　称	安徽省泰志新有限责任公司			密码区			
	纳税人识别号	423108657336405						
	地址、电话	长江东路 115 号，48732369						
	开户行及账号	安徽省六安市城南支行，6215581369432406215						
货物或应税劳务名称	规格型号	单位	数量	单价	金额	税率	税额
A 产品		件	300	1 000.00	300 000.00	17%	5 100.00
合　计							
价税合计（大写）	人民币叁拾伍万壹仟元整				（小写）¥351 000.00		
销货单位	名　称	北京凌云股份有限公司			备注	合同号：稽 80151089 北京凌云股份有限公司 发票专用章		
	纳税人识别号	659068750712345						
	地址、电话	北京市大兴区林校路 98 号，010-82676888						
	开户行及账号	中国工商银行大兴经济开发区支行，2964004027020101015						

收款人：　　　　复核：　　　　开票人：李华　　　　销货单位（章）：

图 2-2-3　销售发票

北京市铁路运输业统一发票

No 00247987

托运单号：2019-02258

托运单位	安徽省泰志新有限公司	承运单位	大兴火车站								
装货地点	大兴火车站	卸货地点	六安市火车站								
接货单位	北京凌云股份有限公司	运输合同	铁运 16-562345								
单位地址		计费里程	1 000 千米								
货物名称	件数	计量	质量	单价	金额						
					十	万	千	百	十	元	角	分
增压机	50	箱	2 吨	2 元/（千米·吨）			4	0	0	0	0	0
合　　计				中国铁路北京局大兴火车站 发票专用章	¥		4	0	0	0	0	0
人民币（大写）肆仟元整											

开票单位：　　　　　　　　　制单：张凯　　　　　　　　复核：

图 2-2-4　运杂费清单

业务4： 19日，为采购材料供应部门申请办理银行汇票，交来采购资金借款单（见图2-2-5）。

北京凌云股份有限公司
采购资金借款单

借款部门：*供应科*　　　　　　　　　　　　　　　　　　　　　　　　2019 年 10 月 19 日

物资名称及型号规格	单位	单价	数量	金额	供应单位
量具	件	500.00	100	50 000.00	全称：*上海工具厂* 账号：*6228483429323658912* 开户银行：*中国农业银行上海西藏路支行*
清款数	（大写）*伍万元整*				付款方式
实付数	（大写）*伍万元整*				电汇、信汇、汇票√
出纳：	审核：*王国柱*		部门主管：*严杰*		借款人：*吴君*

图 2-2-5　采购资金借款单（1）

业务5： 20日，为采购材料按购货合同应预付货款150 000元（电汇），供应部门交来采购资金借款单（见图2-2-6）。

北京凌云股份有限公司
采购资金借款单

借款部门：*供应科*　　　　　　　　　　　　　　　　　　　　　　　　2019 年 10 月 20 日

物资名称及型号规格	单位	单价	数量	金额	供应单位
国钢 d13	吨	3 500.00	100	350 000.00	全称：*苏州钢铁公司* 账号：*6228483429453658912* 开户银行：*中国农业银行丝绸路分行*
清款数	（大写）*人民币壹拾伍万元整（预付部分）*				付款方式
实付数	（大写）*人民币壹拾伍万元整*				√电汇（普）、电汇（急）、汇票
出纳：	审核：*王国柱*		部门主管：*严生*		借款人：*吴君*

图 2-2-6　采购资金借款单（2）

业务6： 21日，企业销售商品一批，收到转账支票和发票（见图2-2-7、图2-2-8）。

项目 2　原始凭证的填制和审核

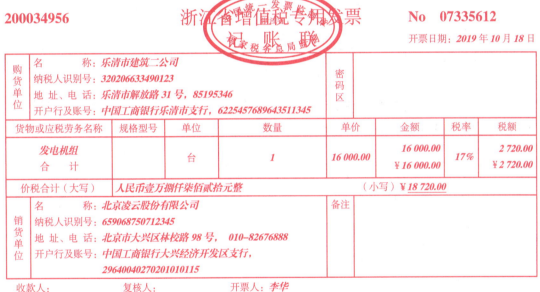

图 2-2-7　转账支票

图 2-2-8　销售发票

业务 7： 26 日，总务处刘讯交来出售废旧品款 550 元。

业务 8： 28 日，本公司向江苏省梁溪市华锦集团公司（纳税人识别号：321200456128031；地址、电话：解放北路 88 号，83708867；开户行及账号：中国工商银行梁溪银海支行，6212268882034511480）销售发电机组 10 台，每台售价 16 000 元，增值税税率为 17%。

业务 9： 28 日，将本日销售商品现金 16 789 元存银行（100 元面值 143 张、50 元面值 41 张、20 元面值 17 张、10 元面值 9 张、5 元面值 1 张、1 元面值 4 张）。

业务 10： 28 日，业务员胡峰报销差旅费。原预借备用金 1 500 元，有关报销票据如图 2-2-9 ~ 图 2-11 所示；有关补贴，住勤补贴每天 40 元，交通补贴每天 10 元。

图 2-2-9　报销票据（1）

图 2-2-10　报销票据（2）

沧州市招待所通用收费票据

付款单位（或人）：北京凌云股份有限公司　　2019 年 10 月 28 日　　　　No 200987546

收费项目及名称	收费标准	金额							
		十万	万	千	百	十	元	角	分
住宿费	250元/天				7	5	0	0	0
小写金额合计									
金额（大写）：人民币零万零仟柒佰伍拾零元零角零分		￥			7	5	0	0	0
收费单位（盖章）：沧州市招待所财务专用章　　收款人：陆强									

图 2-2-11　报销票据（3）

（1）根据业务 1 填制中国工商银行现金支票（见图 2-2-12）。

（2）根据业务 2 填制中国工商银行转账支票（见图 2-2-13）。

（3）根据业务 3 填制托收凭证（受理回单，电划）（见图 2-2-14）。

项目2 原始凭证的填制和审核

（4）根据业务4填制中国工商银行银行汇（本）票申请书（见图2-2-15）。

（5）根据业务5填制中国工商银行电汇凭证（回单，普通）（见图2-2-16）。

（6）根据业务6填制中国工商银行进账单（回单）（见图2-2-17）。

（7）根据业务7填制梁溪市一般缴款书（收据）（见图2-2-18）。

（8）根据业务8填制江苏省增值税专用发票（见图2-2-19）。

（9）根据业务9填制解款单（见图2-2-20）。

（10）根据业务10填制出差费用报销单（见图2-2-21）。

三、实训操作

业务1：填制中国工商银行现金支票（见图2-2-12）。

图2-2-12 现金支票

业务2：填制中国工商银行转账支票（见图2-2-13）。

图2-2-13 转账支票

业务3：填制托收凭证（受理回单，电划）（见图2-2-14）。

托收凭证（受理回单）　　1　　第　号

委托日期：**2019**年**10**月**18**日

业务类型	委托收款（□邮划、□电划）		托收承付（□邮划、☑电划）			
出票人	全称	**北京凌云股份有限责任公司**	收款人	全称	**安徽省泰志新责任有限公司**	
	账号	**2964004027020101015**		账号	**6215581369432406215**	
	地址	**/省北京市**　开户行 **中国工商银行**		地址	**安徽省六安市**　开户行 **中国工商银行**	
金额	人民币（大写）	**叁拾伍万伍仟元整**	千百十万千百十元角分　¥ 3 5 5 0 0 0 0 0			
款项内容	**销售商品**		托收凭据名称	增值税专用发票、运杂费清单	附寄单证张数	**2张**
商品发动情况			全同名称号码	**销80151089**		
备注：		付款人开户银行签章				
复核　　记账		**2019**年**12**月**22**日	收款人开户银行签章　年　月　日			

此联是付款人开户行给收款人的受理回单

图2-2-14　托收凭证

业务4：填制中国工商银行银行汇（本）票申请书（见图2-2-15）。

中国工商银行　　银行汇（本）票申请书　　No 66187654

币别：**人民币**　　　　**2019**年**10**月**19**日　　　　流水号：

业务类型	□银行汇票　□银行本票		付款方式	□转账　　　　□现金		
申请人	**北京凌云股份有限公司**		收款人	**上海工具厂**		
账号	**2964004027020101015**		账号	**6228483429323658912**		
用途	**采购材料**		代理付款行	**中国农业银行上海西藏路支行**		
金额	人民币（大写）	**伍万元整**	千百十万千百十元角分　¥ 5 0 0 0 0 0 0			

客户签章

会计主管：**王薇**　　　授权：**王国柱**　　　复核：**沈益**　　　录入：**王芳**

图2-2-15　银行汇（本）票申请书

业务5：填制中国工商银行电汇凭证（回单，普通）（见图2-2-16）。

中国工商银行 电汇凭证（回单） 1

委托日期：2011 年 10 月 20 日　　　　　　　　　　　第 003425 号

□普通　□加急

出票人	全称	北京凌云股份有限公司	收款人	全称	苏州钢铁公司
	账号	2964004027020101015		账号	6228483429453658912
	汇出地点	/省 北京市 /县		汇入地点	江苏省 苏州市 /县
	汇出行名称	中国工商银行北京大兴经济开发区支行		汇入行名称	中国农业银行苏州丝绸路分行
金额	人民币（大写）	壹拾伍万元整		千百十万千百十元角分 ￥ 1 5 0 0 0 0 0 0	

支付密码

附加信息及用途：采购材料

汇出行签章　　　　　　　　　　复核：沈益　记账：张宁

此联是汇出行给汇款人的回单

图 2-2-16　电汇凭证

业务 6：填制中国工商银行进账单（回单）（见图 2-2-17）。

中国工商银行进账单（回单） 1

2019 年 10 月 21 日

出票人	全称	乐清市建筑二公司	收款人	全称	北京凌云股份有限公司
	账号	6225457689643511345		账号	2964004027020101015
	开户银行	中国工商银行乐清市支行		开户银行	中国工商银行北京大兴经济开发区支行
金额	人民币（大写）	壹万捌仟柒佰贰拾元整		千百十万千百十元角分 ￥ 1 8 7 2 0 0 0	
票据种类	转账支票				
票据号码	1 张				

单位主管：王薇　会计：吕丽　复核：沈益　记账：张宁　　　　开户银行签章

此联是开户银行交给持票人的回单

图 2-2-17　进账单

业务 7：填制梁溪市一般缴款书（收据）（见图 2-2-18）。

梁溪市　　　一般缴款书（收据）

（04）011647965

执收单位名称：　　　　　　　　　　　　　　　　执收单位编码：

填 制 日 期：2019 年 10 月 26 日　　　　　　　　组织机构代码：

收款人	全　称	刘讯	收款人	全　称	北京凌云股份有限公司
	账　号			账　号	2964004027020101015
	开户银行			开户银行	中国工商银行北京大兴经济开发区支行

收入项目编号	收入项目名称	单位	数量	收缴标准	金额
	出售废旧品款				550
金额合计（大写）人民币伍佰伍拾元整		（小写）¥550.00			
执收单位（盖章） 经办人（盖章）张宁		备注			

第二联　执收单位给收款人的收据

图 2-2-18　缴款书

业务 8： 填制江苏省增值税专用发票（见图 2-2-19）。

2000348321　　　　**江苏省增值税专用发票**　　　　No 073358760

记　账　联

开票日期：2019 年 10 月 28 日

购货单位	名　　称：江苏省梁溪市华锦集团公司 纳税人识别号：321200456128031 地 址、电 话：解放北路 88 号，83708867 开户行及账号：中国工商银行梁溪银海支行，6212268882034511480	密码区	

货物或应税劳务名称	规格型号	单位	数量	单价（元）	金额（元）	税率（%）	税额（元）
发电机组		台	10	16 000	160 000	17%	27 200
合　计							27 200
价税合计（大写）	人民币贰万柒仟贰佰元整　（小写）¥27 200						

销货单位	名　　称：北京凌云股份有限公司 纳税人识别号：659068750712345 地 址、电 话：北京市大兴区林校路 98 号，010-82676888 开户行及账号：中国工商银行北京大兴经济开发区支行，2964004027020101015	备注	

收款人：张宁　　　复核：　　　开票人：李华　　　销货单位（章）：

第三联：记账联　销货方记账凭证

图 2-2-19　专用发票记账联

项目 2 原始凭证的填制和审核

业务 9：填制解款单（见图 2-20）。

中国工商银行　　　　　现金存款凭证

2019 年 10 月 28 日　　　　　　　　　　　编号：

存款人	全称	北京凌云股份有限公司		
	账号	2964004027020101015	款项来源	销售商品
	开户行	中国工商银行北京大兴经济开发区支行	交款人	张宁

金额：大写 人民币壹万陆仟柒佰捌拾玖元整				金额 小写 ¥16 789			
票面	张数	票面	张数	票面	张数		
100	143	50	41	20	17	经办	复核
10	9	5	1	1	4		

图 2-2-20　解款单

业务 10：填制出差费用报销单（见图 2-21）。

　业务员胡峰　　出差费用报销单

出差事由		洽谈业务	开票日期：2019 年 10 月 28 日						3　张	
月日	起止时间	详细地点	本车间		金额	次数	金额	中	金额	其他
			车次	金额						
10月25日	下午3时 分 午 时 分	北京至沧州	T114次	100.5	40				250	10
10月26、27日	午 时 分 午 时 分 午 时 分	至			80				500	20
10月28日	下午4时 分 午 时 分	沧州至北京	T111次	100.5						
支出小计					120				750	30
金额	1 500		600		支出金额（大写）		玖佰元整	说明		
	王薇				胡峰					

图 2-2-21　出差费用报销单

实训3 原始凭证的审核

一、实训目的

（1）会审核原始凭证。
（2）能对原始凭证审核结果进行处理。

二、实训资料

1. 企业有关情况

（1）单位名称：北京凌云股份有限公司（一般纳税人）；纳税人识别号：659068750712345。
（2）法人代表：王国柱；财务主管：王薇。
（3）会计：吕丽；复核：沈益；制单：李刚；出纳：张宁。
（4）单位地址及电话：北京市大兴区林校路98号，010-82676888。
（5）开户行及账号：中国工商银行北京大兴经济开发区支行，2964004027020101015。

2. 企业有关经济业务

2019年10月20日，企业取得或填制的原始凭证如下：

业务1：销售产品一批，取得河北省沧州市蓝天公司转账支票一张（见图2-3-1）。

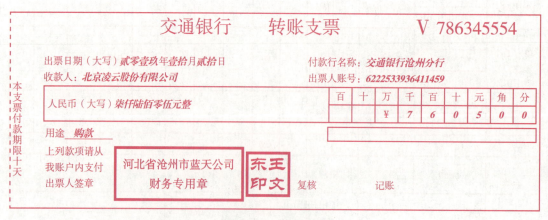

图2-3-1 转账支票

业务2：从河北省沧州市新华发电机有限责任公司购入发电机200台，取得增值税专用发票（见图2-3-2）。

项目 2 原始凭证的填制和审核

2000348321			河北省增值税专用发票				No 073358760	

开票日期：*2019* 年 *10* 月 *20* 日

购货单位	名　　　称	北京凌云股份有限公司				密码区		第三联：记账联　销货方记账凭证
	纳税人识别号	659068750712345						
	地　址、电　话	北京市大兴区林校路 98 号，010—82676888						
	开户行及账号	中国工商银行北京大兴经济开发区支行，2964004027020101015						
货物或应税劳务名称	规格型号	单位	数量	单价	金额	税率	税额	
发电机	n220	台	200	480.00	96 000.00	17%	16 320.00	
合　　计					96 000.00		16 320.00	
价税合计（大写）	人民币壹拾壹万贰仟贰佰叁拾元整			（小写）￥112 230.00				
销货单位	名　　　称	沧州市新华发电机有限责任公司				备注	采用支票结算	
	纳税人识别号	412244563076792						
	地　址、电　话	御河路 2 号，82104178						
	开户行及账号	华夏银行沧州支行，5588634576599002						

收款人：*李燕*　　　复核：*方芳*　　　开票人：*李方*　　　销货单位：

图 2-3-2　增值税专用发票

业务 3：收到银行转来的北京市自来水总公司自来水费发票（见图 2-3-3）。

北京市自来水总公司自来水费发票

发　票　联　　　132020550323

2019 年 *10* 月 *20* 日　　　No 01309660

户　　名	北京凌云股份有限公司			
地　　址	北京大兴区林校路 98 号，010—88676888			
本月示数	上月示数	消费量（立方米）	单价（元/立方米）	金额（元）
5 120	4 020	1 100	3.20	3 520.00
金　额（人民币大写）				
备　　注	抄表员	编　号		89744
	徐南	操　作		SLqt
收款单位（盖章）	北京市自来水总公司 发票专用章		付款日期：2019.10.20	

图 2-3-3　自来水费发票

业务 4：采购员刘强因参加广州展销会预借差旅费 4 500 元，出纳张宁拿到刘强借条（见图 2-3-4）。

借 款 单

2019 年 10 月 20 日　　　　　　　　　　　　　　　　　　　　　　　　　　　　第 09321 号

借款人	*刘强*	借款事由		
所属部门	*销售科*			
借款金额 人民币（大写）	*肆仟伍佰元整*	核准金额		*肆仟伍佰元整*
审批意见 *同意* *王国柱* *2019.10.20*			归还期限	*2019 年 10 月 27 日*
会计主管：	复核：	出纳：*张宁*	借款人：*刘强*	

图 2-3-4　借款单

业务 5： 销售科业务员张海明报销业务招待费 865 元，出纳张宁收到张海明出具的费用报销单（见图 2-3-5）和发票（见图 2-3-6）。

北京凌云股份有限公司　费用报销单

	购物（或业务往来）日期：*2019 年 10 月 20 日*			背面附原始凭证　1 张	
	内　容	发票号	单价	数量	金额
1	业务招待费	05523456			
2					
3					
备注：*苏州减震机公司来单位签约*					
实报金额（大写）*人民币捌佰伍拾陆元整*				￥856.00	
审批	稽核	*吕丽*	验收	*雍明*	经手人 *张海明*

图 2-3-5　费用报销单

图 2-3-6　发票

实训要求： 对相关原始凭证进行审核，并说明审核结果及处理方法。

项目 2　原始凭证的填制和审核

三、实训操作

业务 1：
审核本支票发现的问题如下：
（1）＿＿＿＿＿＿＿＿＿＿＿＿＿＿＿＿＿＿＿＿＿＿＿＿＿＿＿＿＿＿＿＿＿＿。
（2）＿＿＿＿＿＿＿＿＿＿＿＿＿＿＿＿＿＿＿＿＿＿＿＿＿＿＿＿＿＿＿＿＿＿。
（3）＿＿＿＿＿＿＿＿＿＿＿＿＿＿＿＿＿＿＿＿＿＿＿＿＿＿＿＿＿＿＿＿＿＿。
（4）＿＿＿＿＿＿＿＿＿＿＿＿＿＿＿＿＿＿＿＿＿＿＿＿＿＿＿＿＿＿＿＿＿＿。
本支票的处理方法：
＿＿＿＿＿＿＿＿＿＿＿＿＿＿＿＿＿＿＿＿＿＿＿＿＿＿＿＿＿＿＿＿＿＿＿＿＿＿。

业务 2：
审核本发票发现的问题如下：
（1）＿＿＿＿＿＿＿＿＿＿＿＿＿＿＿＿＿＿＿＿＿＿＿＿＿＿＿＿＿＿＿＿＿＿。
（2）＿＿＿＿＿＿＿＿＿＿＿＿＿＿＿＿＿＿＿＿＿＿＿＿＿＿＿＿＿＿＿＿＿＿。
本发票的处理方法：
＿＿＿＿＿＿＿＿＿＿＿＿＿＿＿＿＿＿＿＿＿＿＿＿＿＿＿＿＿＿＿＿＿＿＿＿＿＿。

业务 3：
审核本发票发现的问题如下：
（1）＿＿＿＿＿＿＿＿＿＿＿＿＿＿＿＿＿＿＿＿＿＿＿＿＿＿＿＿＿＿＿＿＿＿。
（2）＿＿＿＿＿＿＿＿＿＿＿＿＿＿＿＿＿＿＿＿＿＿＿＿＿＿＿＿＿＿＿＿＿＿。
本发票的处理方法：
＿＿＿＿＿＿＿＿＿＿＿＿＿＿＿＿＿＿＿＿＿＿＿＿＿＿＿＿＿＿＿＿＿＿＿＿＿＿。

业务 4：
审核本借款单发现的问题如下：
（1）＿＿＿＿＿＿＿＿＿＿＿＿＿＿＿＿＿＿＿＿＿＿＿＿＿＿＿＿＿＿＿＿＿＿。
（2）＿＿＿＿＿＿＿＿＿＿＿＿＿＿＿＿＿＿＿＿＿＿＿＿＿＿＿＿＿＿＿＿＿＿。
（3）＿＿＿＿＿＿＿＿＿＿＿＿＿＿＿＿＿＿＿＿＿＿＿＿＿＿＿＿＿＿＿＿＿＿。
本借款单的处理方法：
＿＿＿＿＿＿＿＿＿＿＿＿＿＿＿＿＿＿＿＿＿＿＿＿＿＿＿＿＿＿＿＿＿＿＿＿＿＿。

业务 5：
审核本费用报销单发现的问题如下：
（1）＿＿＿＿＿＿＿＿＿＿＿＿＿＿＿＿＿＿＿＿＿＿＿＿＿＿＿＿＿＿＿＿＿＿。
（2）＿＿＿＿＿＿＿＿＿＿＿＿＿＿＿＿＿＿＿＿＿＿＿＿＿＿＿＿＿＿＿＿＿＿。
本报销单的处理方法：
＿＿＿＿＿＿＿＿＿＿＿＿＿＿＿＿＿＿＿＿＿＿＿＿＿＿＿＿＿＿＿＿＿＿＿＿＿＿。

业务 6：
审核本发票发现的问题如下：
（1）＿＿＿＿＿＿＿＿＿＿＿＿＿＿＿＿＿＿＿＿＿＿＿＿＿＿＿＿＿＿＿＿＿＿。
（2）＿＿＿＿＿＿＿＿＿＿＿＿＿＿＿＿＿＿＿＿＿＿＿＿＿＿＿＿＿＿＿＿＿＿。
本发票的处理方法：
＿＿＿＿＿＿＿＿＿＿＿＿＿＿＿＿＿＿＿＿＿＿＿＿＿＿＿＿＿＿＿＿＿＿＿＿＿＿。

项目 3 记账凭证的填制和审核

原始凭证是具有法律效力的书面证明，为了保证记账工作的正确性，应根据会计工作规范的要求和原始凭证编制记账凭证。在前面的学习中，我们学会了根据经济事项编制会计分录，而在实际财务工作中，会计分录是在记账凭证中体现的，记账凭证是记账的直接依据，其编制正确与否，直接影响记账工作的质量。记账凭证的填制与审核包括三方面内容：记账凭证的填制、记账凭证的审核、记账凭证的装订。掌握本项目的技能，有助于我们从出纳岗位顺利转向会计岗位。

实训 1 记账凭证的填制

一、实训目的

会根据原始凭证正确编制记账凭证。

二、实训资料

1. 企业有关情况

（1）单位名称：北京凌云股份有限公司（一般纳税人）；纳税人识别号：659068750712345。

（2）法人代表：王国柱；财务主管：王薇。

（3）会计：吕丽；复核：沈益；制单：李刚；出纳：张宁。

（4）单位地址及电话：北京市大兴区林校路98号，010-82676888。

（5）开户行及账号：中国工商银行北京大兴经济开发区支行，2964004027020101015。

2. 企业有关经济业务

业务1：如图3-1-1、图3-1-2所示，河北省沧州市红星锻造公司购货并支付货款。

项目3 记账凭证的填制和审核

中国工商银行 进 账 单（收账通知） 3

2019 年 12 月 1 日

出票人	全称	北京凌云股份有限公司	收款人	全称	沧州市红星锻造公司	此联是开户银行给收款人的收账通知
	账号	2964004027020101015		账号	6212260200320400400	
	开户银行	中国工商银行北京大兴经济开发区支行		开户银行	中国工商银行沧州南环支行	
金额	人民币（大写）	肆仟叁佰捌拾柒元伍角整			千 百 十 万 千 百 十 元 角 分 　 　 　 　 4 3 8 7 5 0	
票据种类	支票	票据张数	1		2019.12.01　转讫　开户银行签章	
票据号码	05400945					
复核：		记账：				

图 3-1-1 进账单

230097081　　　　　　　　　河北省增值税专用发票　　　　　　No 0005624673

开票日期：2019 年 12 月 1 日

购货单位	名　　称：	沧州市红星锻造公司	密码区					第三联：记账联 销货方记账凭证
	纳税人识别号：	320204758921336						
	地址、电话：	沧州市黄河路 12 号，84329135						
	开户行及账号：	中国工商银行沧州南环支行， 6212260200320400400						
货物或应税劳务名称	规格型号	单位	数量	单价	金额	税率	税额	
装订机		台	15	250.00	3 750.00	17%	637.50	
合　计					3 750.00		637.50	
价税合计（大写）	人民币肆仟叁佰捌拾柒元零伍角整			（小写）¥ 4 387.50				
销货单位	名　　称：	北京凌云股份有限公司	备注					
	纳税人识别号：	659068750712345						
	地址、电话：	北京市大兴区林校路 98 号，010-82676888						
	开户行及账号：	中国工商银行北京大兴经济开发区支行， 2964004027020101015						

收款人：曹文凤　　　复核人：朱强　　　开票人：李华

图 3-1-2 增值税专用发票

业务 2：如图 3-1-3 所示，提取现金备用。

041

中国工商银行
现金支票存根
Ⅵ 03427890675

附加信息 _____
_____
_____

出票日期 *2019* 年 *12* 月 *1* 日

收款人：**本单位**

金　额：**¥6 000.00**

用　途：**备用金**

单位主管：**王国柱**　　　　会计：**吕丽**

图 3-1-3　现金支票

业务 3：如图 3-1-4 所示，沧州市东方公司支付前欠货款。

图 3-1-4　进账单

业务 4：如图 3-1-5 所示，江西省九江市新华公司预付购产品款。

项目 3　记账凭证的填制和审核

中国工商银行电汇凭证（收款通知）

委托日期：*2019* 年 *11* 月 *29* 日　　　　　　　第 9034254 号

出票人	全称	北京凌云股份有限公司			收款人	全称	江西省九江市新华公司			此联是给收款单位的收账通知
	账号	29640040270201015				账号	6331326031803763555			
	汇入地点	北京市	汇入行名称	中国工商银行大兴经济开发区支行		汇出地点	江西省九江市	汇出行名称	中国工商银行人民支行	
金额	人民币（大写）	肆仟元整			千 百 十 万 千 百 十 元 角 分　　2019.12.01　¥ 4 0 0 0 0 0　转讫					
汇款用途：*购货预付定金* 上列款项已根据委托办理，如需查询，请持回单来行面洽										

图 3-1-5　电汇凭证

业务 5：如图 3-1-6 所示，以现金支付备用金。

借款申请单

2019 年 12 月 1 日

借款单位	*销售科张琳*		
用途	*出差预借差旅费*		
金额（大写）**人民币伍仟元整**		¥ 5 000.00	
还款计划	*2019 年 12 月 10 日*		现金付讫
领导批准	*王国柱*	借款人签字（盖章）：	*张琳*

图 3-1-6　借款申请单

业务 6：如图 3-1-7 ~ 图 3-1-10 所示，购买材料，材料已验收入库。

北京凌云股份有限公司　　费用 报销单

购物（或业务往来）日期：*2019* 年 *12* 月 *1* 日				背面附原始凭证 *3* 张	
		发票号	单位	数量	金额
1	支付材料款	0587286595	3.35	200	670.00
2	支付增值税				113.90
3					
备注：					
实报金额（大写）**人民币柒佰捌拾叁元玖角整**　　¥ 783.90					
审批	*王国柱*	稽核	*吕丽*	验收	*黄玲*	经手人	*张宁*

报销日期：*2019* 年 *12* 月 *1* 日

图 3-1-7　增值税专用发票

230097081　　　　　　　北京市增值税专用发票　　　　No 0005624673

　　　　　　　　　　　　　记　账　联　　　　　　开票日期：2019 年 12 月 1 日

购货单位	名　　称	北京凌云股份有限公司			密码区			
	纳税人识别号	659068750712345						
	地址、电话	北京市大兴区林校路 98 号，010-82676888						
	开户行及账号	中国工商银行北京大兴经济开发区支行，2964004027020101015						

货物或应税劳务名称	规格型号	单位	数量	单价	金额	税率	税额
滚针		只	200	3.35	670.00	17%	113.90
合　计			200	3.35	670.00	17%	113.90

价税合计（大写）	人民币柒佰捌拾叁元玖角整	（小写）¥783.90

销货单位	名　　称	梁溪市迅达配件厂	备注
	纳税人识别号	320205685343605	
	地址、电话	永定路 12 号，83367123	
	开户行及账号	梁溪市商业银行，6212260062318796745	

收款人：姜宏　　　　复核：藏名　　　　开票：张相卫

第三联：发票联　购货方记账凭证

梁溪市迅达配件厂 发票专用章

图 3-1-8　增值税专用发票

中国工商银行
现金支票存根

GY
— 10815316
02

附加信息

出票日期 2019 年 12 月 1 日

收款人：梁溪市迅达配件厂

金　额：¥783.90

用　途：购材料

单位主管：王国柱　　　会计：吕丽

图 3-1-9　转账支票存根

项目3 记账凭证的填制和审核

北京凌云股份有限公司收料单

2019 年 *12* 月 *1* 日　　　　　　　　　　第 1001 号

供货单位：*梁溪市迅达配件厂*　　　　　材料大类：原材料　　　　　　　　　单位：元
发票号码：*0587286495*

材料编号	名称	规格	单位	数量		实际价格			计划价格	
				发票	实收	单价	金额	其中，运杂费	单价	金额
	滚针		*只*	*200*		*3.35*	*670.00*			

制单：*王新*　　　　　验收：*黄玲*　　　　　主管：*张杰*　　　　　记账：*张宁*

第二联：财地记账联

图 3-1-10　收数单

业务 7：如图 3-1-11、图 3-1-12 所示，预付货款。

北京凌云股份有限公司
采购资金借款单

借款部门：*供应料*　　　　　　　　　　　　　　　　　　　　　　　*2019* 年 *12* 月 *1* 日

物资名称及型号规格	单位	单价	数量	金额	供应单位
测试仪器	*台*	*350.00*	*10*	*3 500.00*	全称：*南京东方电机有限公司* 账号：*6228483423658912368* 开户银行：*中国农业银行南京雨花台支行*
事由	*预付材料款*				付款方式
请款数	（大写）*伍仟元整（含增值税）*				√电汇、信江、汇票
实付数	（大写）*伍仟元整（含增值税）*				

审批：*王国柱*　　出纳：*张宁*　　部门主管：*尹杰*　　借款人：*刘滨*

图 3-1-11　采购资金借款单

中国工商银行　电汇凭证（回 单）　　2

☑普通　□加急　　　　委托日期：*2019* 年 *12* 月 *1* 日　　　　第 903489 号

出票人	全称	北京凌云股份有限公司	收款人	全称	南京东方电机有限公司
	账号	2964004027020101015		账号	6228483423658912368
	汇出地点	／省 北京市／县		汇入地点	江苏 省 南京 市／县
	汇出行名称	中国工商银行北京大兴经济开发区支行		汇入行名称	中国农业银行南京雨花台支行
金额	人民币（大写）伍仟元整			千百十万千百十元角分 ¥ 5 0 0 0 0 0	
	中国工商银行北京大兴经济开发区支行 2019.12.01 转讫		支付密码		
			附加信息及用途： 预付货款		
汇出行签章			复核　　记账		

此联是汇出行给汇款人的回单

图 3-1-12　电汇凭证

业务8：如图3-1-13～图3-1-15所示，通过银行代发职工工资，并结转代扣款项。

北京凌云股份有限公司　　费用报销单

	购物（或业务往来）日期：*2019*年*12*月*1*日		背面附原始凭证 *2* 张		
		发票号	单位	数量	金额
1	*银行代发11月份工资*				*127 779.00*
2					
3					
备注：					
实报金额（大写）*壹拾贰万柒仟柒佰柒拾玖元整*　　　　¥ *127 779.00*					
审批	*王国柱*	稽核 *吕丽*	验收 *黄玲*	经手人	*张宁*

报销日期：*2019*年*12*月*1*日

图 3-1-13　费用报销单

```
        中国工商银行
        现金支票存根
GY
— 10815316
02
附加信息

出票日期 2019 年 12 月 1 日
收款人：本单位工资户
金　额：¥ 127 779.00
用　途：银行代发 11 月份工资
单位主管：王国柱   会计：吕丽
```

图 3-1-14　转账支票存根

项目3 记账凭证的填制和审核

工资结算汇总表

2019年12月   单位：元

车间、部门		应付工资							代扣款项						实发工资
		计时工资	计件工资	加班工资	奖金	津贴补贴	缺勤扣款	合计	养老保险	公积金	医疗保险	失业保险	所得税	合计	
基本生产	生产工人	48 000	28 000	1 600	13 000	8 400	1 300	97 700	7 816	9 770	1 954	977	1 875	22 392	75 309
	管理人员	3 900		320	2 400	1 600		8 220	658	822	164	82	128	1 854	6 366
辅助生产	机修车间	3 450		360	1 475	1 375	160	6 500	520	650	130	65		1 365	5 135
	蒸汽车间	3 800		320	1 800	1 575	205	7 290	583	729	146	73		1 531	5 759
行政管理人员		10 600		1 300	6 645	5 770		24 315	1 945	2 432	486	243	540	5 646	18 669
销售人员		4 200			1 750	1 690		7 640	611	764	153	76	179	1 783	5 857
工程施工人员		8 800			2 900	2 375	280	13 795	1 103	1 379	276	138	214	3 110	10 685
合计		82 750	28 000	3 900	29 970	22 785	1 945	165 460	13 236	16 546	3 309	1 654	2 936	37 671	127 779

审批：*王国柱*　　　　制单：*龚丽娜*　　　　　　　　　　　　复核：*吕丽*

注：按车间、部门编制的工资结算表共7张，略。

图 3-1-15　工资结算汇总表

业务9： 如图 3-1-16、图 3-1-17 所示，职工邵明报销独生子女幼托费。

北京凌云股份有限公司　　费用报销单

购物（或业务往来）日期：*2019年12月1日*　　　背面附原始凭证 *1* 张

		发票号	单位	数量	金额
1	报销独生子女幼托费	008160			300.00
2					
3					

备注：
实报金额（大写）*人民币叁佰元整*　　　　¥*300.00*

| 审批 | *王国柱* | 稽核 | *吕丽* | 验收 | *黄玲* | 经手人 | *张宁* |

报销日期：*2019年12月1日*

图 3-1-16　费用报销单

学杂费收据

姓名	*邵方*	年级	*中班*
托费	*300.00*	学费	—	代办费	—
大写金额	*人民币叁佰元整*				
备注					

家长：*邵明*　　　开票人（章）：　　　　　　　　　　　收款人：*赵磊*

图 3-1-17　学杂费收据

业务10：如图3-18、图3-1-19所示，业务员报销差旅费并收回余款。

北京凌云股份有限公司 出差费用报销单

出差事由		去南宁开会			填报日期：2019年12月1日					附件 14 张		
月日	起止时间	起讫地点	车船费		途中补贴	住勤补贴		误餐补贴		旅馆费	市内交通费	行李搬运费	其他
			车次	金额	金额	天数	金额	中	晚	金额			
11 25	午 时 分 午 时 分	北京至南宁		1 200									
12 1	午 时 分 午 时 分	南宁至北京		1 210			440			1 100	220		
支 出 小 计				2 410			440			1 100	220		
预支金额	5 000.00	应付（退√）金额	830.00		支出金额（大写）	人民币肆仟壹佰柒拾元整				转账讫			
领导审核	王国柱		报销人签章		徐良	说明							

注：差旅费报销单后所附的原始凭证略。

图3-1-18 出差费用报销单

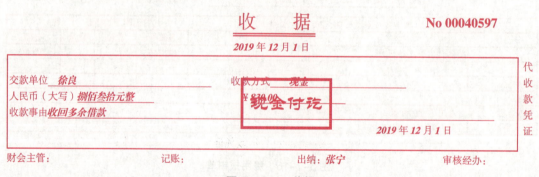

图3-1-19 收据

要求：
（1）审核原始凭证并判断经济业务内容。
（2）根据原始凭证编制专用记账凭证，并将原始凭证整理后附后。

三、实训操作

编制记账凭证如下（见图3-1-20~图3-1-30）：

项目3 记账凭证的填制和审核

业务1：

付款凭证

贷方科目：**银行存款**　　　　　　　　　　*2019年12月1日*　　　　　　　　　银付 第 *1* 号

摘要	借方科目	明细科目	金额 十	万	千	百	十	元	角	分	
购货	**库存商品**				3	7	5	0	0	0	附单据2张
	应交税金	**应交增值税（进项税额）**				6	3	7	5	0	
合计			¥		4	3	8	7	5	0	

会计主管：**王薇**　　　记账：**吕丽**　　　复核：**沈益**　　　出纳：**张宁**　　　制单：**李刚**

图 3-1-20　付款凭证

业务2：

付款凭证

贷方科目：**银行存款**　　　　　　　　　　*2019年12月1日*　　　　　　　　　银付 第 *2* 号

摘要	借方科目	明细科目	金额 十	万	千	百	十	元	角	分	
提取现金备用	**库存现金**				6	0	0	0	0	0	附单据1张
			¥		6	0	0	0	0	0	

会计主管：**王薇**　　　记账：**吕丽**　　　复核：**沈益**　　　出纳：**张宁**　　　制单：**李刚**

图 3-1-21　付款凭证

业务3：

收款凭证

借方科目：**银行存款**　　　　　　　　　　*2019年12月1日*　　　　　　　　　银付 第 *1* 号

摘要	贷方科目	明细科目	金额 十	万	千	百	十	元	角	分	
收到前欠货款	**应收账款**					2	3	3	6	0	附单据1张
			¥			2	3	3	6	0	

会计主管：**王薇**　　　记账：**吕丽**　　　复核：**沈益**　　　出纳：**张宁**　　　制单：**李刚**

图 3-1-22　收款凭证

业务4:

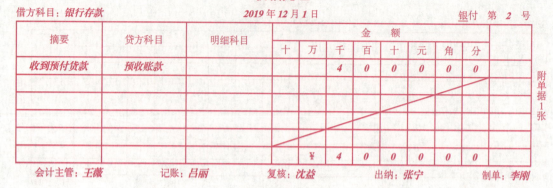

图 3-1-23 收款凭证

业务5:

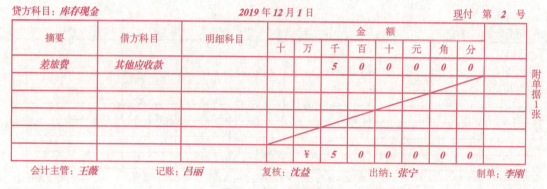

图 3-1-24 付款凭证

业务6:

付款凭证

贷方科目:**银行存款**   2019年12月1日   银付 第 4 号

摘要	借方科目	明细科目	金额								
			十	万	千	百	十	元	角	分
购买材料	原材料				6	7	0	0	0	0
	应交税金	应交增值税(进项税额)			1	1	3	9	0	
合计			¥		7	8	3	9	0	

会计主管:**王薇**   记账:**吕丽**   复核:**沈益**   出纳:**张宁**   制单:**李刚**

附单据4张

图 3-1-25 付款凭证

业务7：

付款凭证

贷方科目：**银行存款**　　　　　　　2019 年 12 月 1 日　　　　　　　　　银付 第 *5* 号

摘要	借方科目	明细科目	金额 十万千百十元角分	附单据2张
预付货款	*预付账款*		5 0 0 0 0 0 0	
			¥ 5 0 0 0 0 0 0	

会计主管：*王薇*　　　记账：*吕丽*　　　复核：*沈益*　　　出纳：*张宁*　　　制单：*李刚*

图 3-1-26　付款凭证

业务8：

付款凭证

贷方科目：**银行存款**　　　　　　　2019 年 12 月 1 日　　　　　　　　　银付 第 *6* 号

摘要	借方科目	明细科目	金额 十万千百十元角分	附单据 张
代发职工工资	*应付职工薪酬*	*工资*	1 2 7 7 7 9 0 0	
			1 2 7 7 7 9 0 0	

会计主管：*王薇*　　　记账：*吕丽*　　　复核：*沈益*　　　出纳：*张宁*　　　制单：*李刚*

图 3-1-27　付款凭证

业务9：

付款凭证

贷方科目：**库存现金**　　　　　　　2019 年 12 月 1 日　　　　　　　　　银付 第 *7* 号

摘要	借方科目	明细科目	金额 十万千百十元角分	附单据 张
报销幼托费	*应付职工薪酬*	*幼托费*	3 0 0 0 0	
			¥ 3 0 0 0 0	

会计主管：*王薇*　　　记账：*吕丽*　　　复核：*沈益*　　　出纳：*张宁*　　　制单：*李刚*

图 3-1-28　付款凭证

业务10：

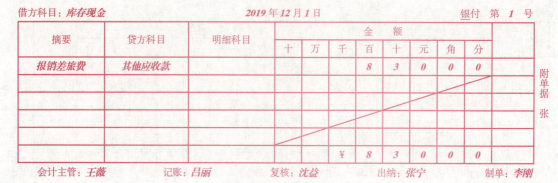

图 3-1-29　转账凭证

业务11：

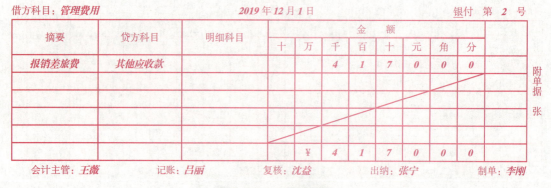

图 3-1-30　转账凭证

实训2　记账凭证的装订

一、实训目的

（1）会审核记账凭证。
（2）会装订记账凭证。

二、实训资料

1. 企业有关情况

（1）单位名称：北京凌云股份有限公司（一般纳税人）；纳税人识别号：659068750712345。

（2）法人代表：王国柱；财务主管：王薇。

（3）会计：吕丽；复核：沈益；制单：李刚；出纳：张宁。

（4）单位地址及电话：北京市大兴区林校路98号，010-82676888。

（5）开户行及账号：中国工商银行北京大兴经济开发区支行，2964004027020101015。

2. 企业有关经济业务

2019年12月1日，北京凌云股份有限公司出纳张宁编制的记账凭证如实训1所示。

要求：将审核无误的专用记账凭证用包角纸包角，装订并填写记账凭证封面。

三、实训操作

1. 企业有关情况

（1）单位名称：北京凌云股份有限公司（一般纳税人）；纳税人识别号：659068750712345。

（2）法人代表：王国柱；财务主管：王薇。

（3）会计：吕丽；复核：沈益；制单：李刚；出纳：张宁。

（4）单位地址及电话：北京市大兴区林校路98号，010-82676888。

（5）开户行及账号：中国工商银行北京大兴经济开发区支行，2964004027020101015。

2. 企业有关经济业务

准备记账凭证封皮一套（封面与封底）、包角纸、装订的设备、装订线、胶水、打孔机、印泥与骑缝章。

具体步骤如下：

（1）将对应的原始凭证、记账凭证、凭证封面等资料按顺序正确、完整地放好，注意该粘单的粘单。厚度要均匀，曲别针和订书钉都要去掉。将要装订的资料以左边和上边为靠齐边，处理整齐。理齐后用夹子夹好一边（见图3-2-1）。

（2）将裁剪好或买回来的包角纸拿出来，不写内容的一面朝上，沿上边和左边靠齐放在凭证上部。用另外一个夹子将包角纸和凭证夹在一起。注意第一次夹的夹子先不要动，防止理齐的凭证被弄乱了（见图3-2-2）。

（3）将第一次夹的夹子松开并再在原位置夹上，这次是将包角纸和凭证夹在一起。完成后，包角纸和凭证是被两个夹子一起夹着的，十分整齐和牢固（见图3-2-3）。

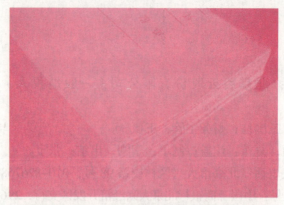

图 3-2-1　以左边为靠齐边整理并夹好一边

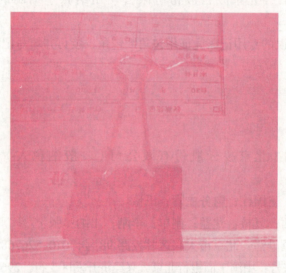

图 3-2-2　用另外一个夹子将包角和凭证夹在一起

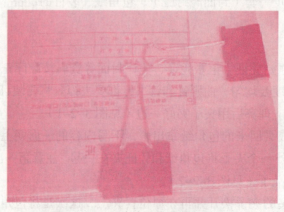

图 3-2-3　两个夹子夹住包角和凭证

（4）包角纸是要被折叠的。沿着将来要形成折痕的地方用铅笔画上一条直线，该直线被定义为上红线（不能跨越的线），也就是装订凭证打洞不能跨越的线（图3-2-4）。

图3-2-4　画一条直线（上红线）

（5）在上红线靠里1厘米左右的位置平行画一条辅助直线（下红线）；再画一条连接"凭证（0，0）点"和"上红线中心点"的辅助直线（中线）；在上、下红线之间区域内以中线为对称轴画上两个对称的小圆（见图3-2-5），即孔位。

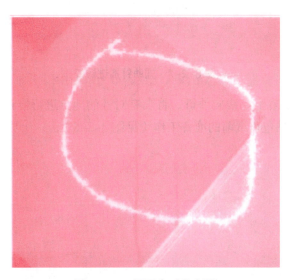

图3-2-5　画两个对称小圆

（6）根据画好的孔位打孔，并将裁好的铆管放入孔中准备压铆（见图3-2-6）。

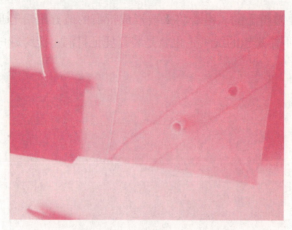

图 3-2-6　将铆管放入孔中

（7）将辅助针插进铆管，确保穿透铆管，进行充分热压（见图 3-2-7）。

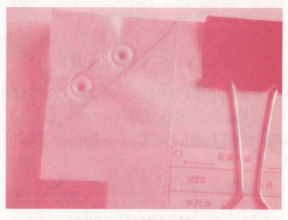

图 3-2-7　辅助针插进铆管

（8）将包角纸沿着上红线向外折。将没有对齐的地方进行修正。折叠处用指甲压出一点压痕来。做好粘贴包角纸前的准备工作（见图 3-2-8）。

图 3-2-8　沿上线向外折包角

（9）先折短边（见图3-2-9）。折叠时要压紧粘牢，折叠处一定要有折痕处理。

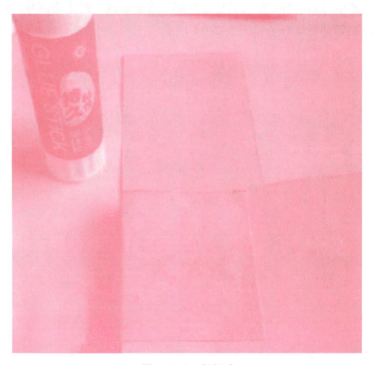

图3-2-9　折短边

（10）折长边（见图3-2-10）。折叠时要压紧粘牢，折叠处一定要有折痕处理。长边会将短边盖在内部使其不会被看到。

图3-2-10　折长边

（11）填写封面及侧边辅助栏。字迹要工整，内容要准确。正面要写，侧面也要写；该大写的大写，该小写的小写。公司名称、期间、起止时间、起止凭证号、装册排序信息、装订人、装订日期等都要填好（见图3-2-11）。

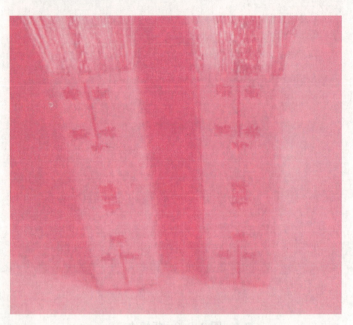

图 3-2-11　填写封面及侧边辅助栏

（12）交予主管检查，并请主管签上姓名、审核日期。

项目 4 现金业务

实训 1　现金收支业务处理

一、实训目的

（1）能描述现金收支业务处理的程序。
（2）能根据现金收支业务进行原始凭证的审核与填制。
（3）能根据审核或填制的原始凭证编制专用记账凭证。
（4）熟练掌握点钞、盖章、附件处理的技能。

二、实训资料

1. 企业有关情况

（1）单位名称：北京凌云股份有限公司（一般纳税人）；纳税人识别号：659068750712345。
（2）法人代表：王国柱；财务主管：王薇。
（3）会计：吕丽；复核：沈益；制单：李刚；出纳：张宁。
（4）单位地址及电话：北京市大兴区林校路 98 号，010-82676888。
（5）开户行及账号：中国工商银行北京大兴经济开发区支行，2964004027020101015。

2. 企业有关经济业务

业务 1：现金的提取

2019 年 12 月 1 日，出纳张宁开出现金支票一张（见图 4-1-1），提取现金 3 000 元备用，填制现金支票并办理现金提取业务。

中国工商银行
现金支票存根
Ⅶ 10201110

附加信息：

出票日期　年　月　日

收款人：	
金　额：	
用　途：	

单位主管：　　会计：

中国工商银行　现金支票　Ⅶ 10201110

出票日期（大写）　年　月　日　付款行名称：

收款人：　出票人账号：

本支票付款期限十天

人民币（大写）	亿	千	百	十	万	千	百	十	元	角	分

用途　　密码

上列款项请从　　行号

我账户内支付

出票人签章　　复核　　记账

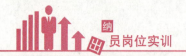

图 4-1-1　现金支票

业务 2：现金的送存。

2019 年 12 月 5 日，出纳张宁收到销货款 4 800 元，其中，100 元 42 张、50 元 10 张、10 元 5 张、5 元 10 张，须填制中国工商银行现金存款凭条（见图 4-1-2）并办理现金送存业务。

中国工商银行　现金存款凭条

日期：　年　月　日

存款人	全　称			
	账　号		款项来源	
	开户行		交 款 人	

金额（大写）	金额（小写）	亿	千	百	十	万	千	百	十	元	角	分

票面	张数	十	万	千	百	十	元	票面	张数	千	百	十	元	角	分	备注
壹佰元								伍角								
伍拾元								壹角								
贰拾元																
拾元																
伍元																
壹元																

第一联　银行核对联

图 4-1-2　中国工商银行现金存款凭条

业务 3：现金的收入。

（1）2019 年 12 月 10 日，出纳张宁收到客户交来的当日现金购货款和销售部门开具的销售清单（见图 4-1-3），要求开具增值税专用发票和办理现金收款业务。

项目 4　现金业务

销售清单

2019 年 *12* 月 *10* 日　　　　　　　　　　　　　　　　　　　　　　　　　No 102

客户基本信息				
客户名称	瑞安市欣立商贸有限责任公司			
开户行	中国工商银行温州瑞安马屿支行		账　号	6212290056404366515
地　址	马屿会镇马北村双屿南路1号		电　话	0577–68287628
纳税人识别号	589585192922409935		付款方式	现金
货物或应税劳务名称	规格	单位	单价	数量	金额
增压机		台	750.00	30	22 500.00
税率		17%	税额	3 825	
合　计				¥ 26 325	

图 4-1-3　销售清单

（2）2019 年 12 月 10 日，主管在巡查车间时发现员工陈鑫趴在工作台上睡觉，按照公司规定罚款 50 元，将现金交给出纳，要求开具收款收据（见图 4-1-4）和办理现金收款业务。

收 款 收 据

No 7790864

年　月　日

今收到	
交来	
金额（大写）　拾　　万　　仟　　佰　　拾　　元　　角　　分	第一联 存根
¥　　　　　　　　　　　　　　　　　　　收款单位公章	

核准：　　　会计：　　　记账：　　　出纳：　　　纳办人：

图 4-1-4　收款收据

业务 4：现金的支出。

（1）2019 年 12 月 15 日，行政部门卢明翔参加上海订货会，向财务部门提交填写好的借款单（见图 4-1-5），预借差旅费 2 000 元。要求审核借款单并办理现金付款业务。

借 款 单

2019 年 *12* 月 *15* 日

资金性质　现金

借款单位	行政部门			
借款理由	参加上海订货会预借差旅费			
借款数额	人民币（大写）贰仟元整			¥ 2 000.00
本单位负责人意见	同意	借款人（签章）	卢明翔	
领导指示： **王国柱**　　　同意	会计主管人员核批： **王薇**　　　同意		付款记录： 2019 年 12 月 15 日　以第　　号 支票或现金支出单付给	

图 4-1-5　借款单

061

（2）2019年12月21日，行政部门卢明翔出差回来，到财务部门办理差旅费报销手续。其于2019年12月16—20日共出差5天，其中，北京—上海、上海—北京火车票各一张，共计456元，市内车费120元，住宿费1 464元，伙食费一天补助60元，邮电费100元，报销总额2 440元（所附各种单据共8张）。要求填写差旅费报销单（见图4-1-6）和办理报销业务。

差 旅 费 报 销 单

部门＿＿＿＿＿＿＿＿＿＿＿＿＿＿＿＿　　　　年　　月　　日

出差人							出差事由					
出发				到达			交通工具	交通费		出差补贴		其他费用			
月	日	时	地点	月	日	时	地点		单据张数	金额	天数	金额	项目	单据张数	金额
													住宿费		
													市内车费		
													邮电费		
													办公用品费		
													不买卧铺补贴		
													其他		
合计															
报销总额	人民币（大写）							预借金额				补领金额			
												退还金额			

附件　　张

部门主管：　　　　　财务主管：　　　　　出纳：　　　　　出纳人：

图4-1-6　差旅费报销单

要求：根据各项业务的要求进行具体操作。

三、实训操作

业务1：提取现金的具体业务流程如图4-1-7所示。

图 4-1-7 提取现金的业务流程

具体步骤如下:

(1) 出纳张宁填写支票领用登记簿(见表 4-1-1),并交财务主管审核签字。

表 4-1-1 支票领用登记簿

日期	支票类型	支票号码	收款单位	金额(元)	领用人	核准人
2019年12月1日	现金	Ⅶ 202321	本公司	3 000	张宁	王薇

(2) 出纳签发现金支票(见图 4-1-8),并在现金支票正反两面加盖预留银行的印鉴及公司法人代表签章。

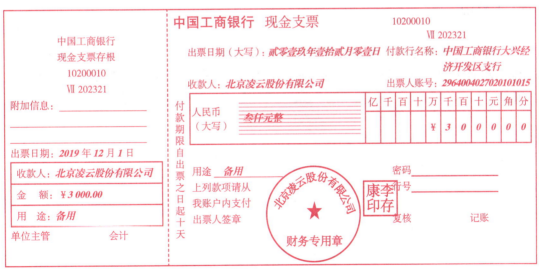

图 4-1-8 中国工商银行现金支票

(3) 出纳张宁携带填写完整并签章的现金支票去开户银行办理提现。
(4) 出纳张宁收取现金后,根据取款数额当场清点,确认无误后才离开银行柜台。

（5）出纳张宁取回现金后及时放入专用保险柜，以保证现金的安全。

（6）出纳张宁将现金支票存根传递给相关制证人员编制付款凭证（见图4-1-9），作为记账依据。

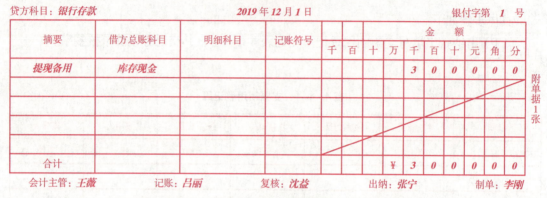

图4-1-9　付款凭证

（7）出纳张宁根据审核无误的付款凭证登记现金日记账和银行存款日记账。

小贴士

对于涉及库存现金与银行存款之间相互划转的业务，为了避免重复登账，只需要编制付款凭证。如发生从银行提取现金的业务，只需填制一张银行存款付款凭证。

业务2：现金送存银行具体业务流程如图4-1-10所示。

图4-1-10　现金送存银行的业务流程

具体步骤如下：

（1）出纳张宁在将现金送存银行之前，为了便于银行柜台清查现金、提高工作效率，对送存现金进行了分类整理。

（2）出纳张宁根据现金清点情况填写中国工商银行现金存款凭条（见图 4-1-11）。

中国工商银行　现金存款凭条

日期：**2019** 年 **12** 月 **5** 日

存款人	全　称	北京凌云股份有限公司		款项来源				销货款					
	账　号	2964004027020101015											
	开户行	中国工商银行北京大兴经济开发区支行		交款人				张宁					
金额（大写）		人民币肆仟捌佰元整		金额（小写）	亿	千	百	十	万	千	百	十	元	角	分
									￥	4	8	0	0	0	0
票面	张数	十万 千 百 十 元	票面	张数	千 百 十 元 角 分	备注
壹佰元	42	4 2 0 0	伍角			
伍拾元	10	5 0 0	壹角			
贰拾元						
拾元	5	5 0				
伍元	10	5 0				
壹元						

第一联　银行核对联

图 4-1-11　中国工商银行现金存款凭条

（3）出纳张宁将整理好的现金连同现金存款凭条一起送交银行柜台收款员。

小贴士

　　银行柜台收款员清点无误后，按规定在现金存款凭条上加盖印章，并将第一联回单联退还给企业出纳人员。企业出纳人员在接到第一联回单联后应立即进行检查，确认为本单位交款回单，且银行有关手续已经办妥后方可离开柜台。
　　当送存金额为较大的款项时，最好使用专车，并派人护送。

（4）出纳张宁将加盖银行现金收讫章的现金存款凭条第一联回单联传递给相关制证人员编制付款凭证（见图 4-1-12），作为记账依据。

付款凭证

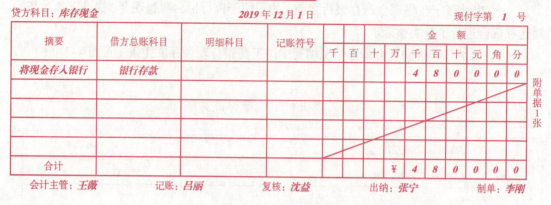

图 4-1-12 付款凭证

（5）出纳张宁根据审核无误的付款凭证登记现金日记账和银行存款日记账。

业务 3：

（1）货款现金收入的具体业务流程如图 4-1-13 所示。

图 4-1-13 货款现金收入的业务流程

具体步骤如下：

①出纳张宁对原始凭证上的客户基本信息、销售单价和金额等相关信息进行审核。

> 发票是指在购销商品、提供或者接受劳务以及从事其他经营活动中开具或收取的收付款的书面证明。
> 发票按其适用范围不同分为增值税专用发票、普通发票和专业发票。

②出纳张宁对现金的来源是否合理合法进行审核。当场清点现金是否与实际结算金额一致，并检查货币的真伪性，做到收付两清，一笔一清。

③出纳张宁利用税控装置，机开一式三联的增值税专用发票（见图 4-1-14）。

项目4 现金业务

3300151140　　　　　北京市增值税专用发票　　　No　47084665
　　　　　　　　　　　　　　　　　　　　　　　　　　　　3300151140
　　　　　　　　　　　　国家税务总局监制　　　　　　　　　47084665
　　　　　　　　　　　　　记　账　联　　　　开票日期：*2019* 年 *12* 月 *10* 日

购货单位	名　　称：瑞安市欣立商贸有限责任公司 纳税人识别号：589585192922409935 地址、电话：马屿镇马北村双屿南路 1 号，0577-68287628 开户行及账号：中国工商银行温州瑞安马屿支行， 6212290056404366515		密码区	172312-4-275<1+46*54*82*59* 181321><8182*59*-0619153</ <4<3*2702-9>9*+153</0>2-3 *08/4*>>2-3*0/9>>25-275<1

货物或应税劳务名称	规格型号	单位	数量	单价	金额	税率	税额
增压机		台	30	750.00	22 500.00	17%	3 825.00
合　计					￥22 500.00		￥3 825.00

价税合计（大写）	⊗贰万陆仟叁佰贰拾伍元整	（小写）￥26 325.00

销货单位	名　　称：北京凌云股份有限公司 纳税人识别号：659068750712345 地址、电话：北京市大兴区林校路 98 号，010-88676888 开户行及账号：中国工商银行大兴经济开发区支行， 2964004027020101015		备注	

会计主管：*王薇*　　记账：*吕丽*　　复核：*沈益*　　出纳：*张宁*　　制单：*李刚*

图 4-1-14　浙江增值税专用发票

 **小贴士**

　　增值税专用发票只限于增值税一般纳税人领购使用，增值税小规模纳税人不得领购使用。一般纳税人如有法定情形的，不得领购使用增值税专用发票。
　　增值税专用发票的基本联次为一式三联，分别是记账联，即销货方记账凭证；抵扣联，即购货方扣税凭证；发票联，即购货方记账凭证。

　　④出纳张宁将增值税专用发票第一联记账联传递给相关制证人员编制收款凭证（见图 4-1-15），作为记账依据。

收 款 凭 证

贷方科目：*库存现金*　　　　　2019 年 12 月 1 日　　　　　现收字第 *1* 号

摘要	借方总账科目	明细科目	记账符号	金额 千 百 十 万 千 百 十 元 角 分									
销售商品取得收入	主营业务收入					2	2	5	0	0	0	0	0
	应交税费	应交增值税（销项税额）					3	8	2	5	0	0	0
合计				￥		2	6	3	2	5	0	0	0

附单据1张

会计主管：*王薇*　　记账：*吕丽*　　复核：*沈益*　　出纳：*张宁*　　制单：*李刚*

图 4-1-15　收款凭证

⑤出纳张宁根据审核无误的收款凭证登记现金日记账。
（2）罚款现金收入的具体业务流程如图4-1-16所示。

图4-1-16　罚款现金收入的业务流程

具体步骤如下：
①出纳张宁对员工陈鑫上缴的罚款当面清点现金数量，并检查货币的真伪。
②出纳张宁根据实收现金填写一式三联的收款收据（见图4-1-17）。

图4-1-17　收款收据

小贴士

收据一般为三联套写，第一联为存根联，由开票单位存查；第二联为交款人收执，需要加盖财务专用章和"现金收讫"章；第三联为本单位记账依据，需要加盖"现金收讫"章。

出纳将加盖"现金收讫"章的收据第三联记账联传递给相关制证人员，编制收款凭证，作为记账依据。

出纳根据审核无误的收款凭证登记现金日记账。

业务4：
（1）预借差旅费现金支出的具体业务流程如图4-1-18所示。

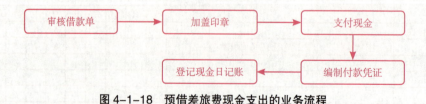

图4-1-18　预借差旅费现金支出的业务流程

具体步骤如下：
①出纳张宁仔细审核借款人填写的借款单。

> **小贴士**
>
> 借款单一式三联，第一联为付款凭证，作为财务部门的记账依据；第二联为结算凭证，借款期间由出纳留底，报销时作为核对的依据，报销后随同报销单据作为记账凭证的附件；第三联交由借款人保存。借款单的审核包括以下两方面：
> （1）核对借款单上的借款事由是否符合现金支付的范围。
> （2）审核借款单是否按照企业相关财务会计制度的规定，依次经过部门主管、公司负责人、财务主管等有关领导的审批。

②出纳张宁审核无误后，在一式三联的借款单上加盖出纳人员印章和"现金付讫"章（见图 4-1-19）。

借 款 单
2019 年 12 月 15 日

资金性质　**现金**

借款单位	行政部门			
借款理由	参加上海订货会预借差旅费			
借款数额	人民币（大写）贰仟元整			￥2 000.00
本单位负责人意见	同意	借款人（签章）	卢明翔	
领导指示：**王国柱**　同意	会计主管人员核批：**王薇**　同意：	付款记录：2019 年 12 月 15 日　以第　号支票或现金支出单付给		

（现金付讫）

图 4-1-19　借款单

③出纳张宁按借款单上填列的借款金额支付现金并进行复点，同时将借款金额和借款单的第三联交给借款人卢明翔。

④出纳张宁将借款单第一联记账联传递给相关制证人员编制付款凭证（见图 4-1-20），作为记账依据。

付 款 凭 证

贷方科目：**库存现金**　　　　　2019 年 12 月 1 日　　　　　银付字第 **1** 号

摘要	借方总账科目	明细科目	记账符号	金额 千 百 十 万 千 百 十 元 角 分	
预借差旅费	其他应收款	卢明翔		2 0 0 0 0 0	附单据1张
合计				￥　　2 0 0 0 0 0	

会计主管：**王薇**　　记账：**吕丽**　　复核：**沈益**　　出纳：**张宁**　　制单：**李刚**

图 4-1-20　付款凭证

⑤出纳张宁根据审核无误的付款凭证登记现金日记账。

（2）差旅费报销现金支出的具体业务流程如图 4-1-21 所示。

图 4-1-21　差旅费报销现金支出的业务流程

具体步骤如下：

①差旅费报销单（见图 4-1-22）由报销人卢明翔填写，经部门主管、财务主管等有关领导审批后，交给出纳。

差 旅 费 报 销 单

部门：行政部　　　　　　　　　　　　2019 年 12 月 21 日

出差人						卢明翔			出差事由		参加订货会		
出发			到达			交通工具	交通费		出差补贴		其他费用		
月	日	时	地点	月	日	时	地点		单据张数	金额	天数	金额	项目	单据张数	金额
12	16		北京	12	16		上海	火车	1	228.00	5	300.00	住宿费	1	1 464.00
12	20		上海	12	20		北京	火车	1	228.00			市内车费	5	120.00
													邮电费		100.00
													办公用品费		
													不买卧铺补贴		
													其他		
合计									2	¥456.00		¥300.00		6	¥1 684.00
报销总额	人民币（大写）		贰仟肆佰肆拾元整						预借金额	¥2 000.00			补领金额		¥440.00
													退还金额		

部门主管：张峰　　　　财务主管：王薇　　　　出纳：　　　　领款人：

附件 8 张

图 4-1-22　差旅费报销单

②出纳张宁需要对出差人员递交的差旅费报销单上的金额、退还金额、审批手续等信息进行审核，并与原借款单第二联结算凭证上的相关信息进行核对，看是否一致。

项目 4 现金业务

小贴士

> 出纳审核报销单时，除确认金额外，还须查看是否有部门主管、财务主管和总经理签字。
>
> 如果公司员工出差未预借差旅费而由自己垫付，则出纳无须查对借款单，可直接根据签字确认的报销单和相关发票支付现金。

③出纳张宁审核无误后，在差旅费报销单上加盖出纳人员印鉴和"现金付讫"印章。按照差旅费报销单上填列的补付金额，支付现金并进行复点。要求卢明翔当面点清，并在差旅费报销单上领款人处签字（见图4-1-23）。

差 旅 费 报 销 单

部门 *行政部*　　　　　　　　　2019 年 12 月 21 日

出差人			卢明翔			出差事由			参加订货会		
出发			到达			交通工具	交通费		出差补贴		其他费用		

月	日	时	地点	月	日	时	地点	交通工具	单据张数	金额	天数	金额	项目	单据张数	金额
12	16		乐清	12	16		上海	火车	1	228.00	5	300.00	住宿费	1	1 464.00
12	20		乐清	12	20		乐清	火车	1	228.00			市内车费	5	120.00
													邮电费		100.00
													办公用品费		
													不买卧铺补贴		
													其他		现金付讫
合计									2	¥456.00		¥300.00		6	¥1 684.00

附件8张

报销总额	人民币（大写）	贰仟肆佰肆拾元整	预借金额	¥2 000.00	补领金额	¥440.00
					退还金额	

部门主管：*张峰*　　　　财务主管：*王薇*　　　　出纳：*张宁*　　　　领款人：*卢明翔*

图 4-1-23　差旅费报销单

小贴士

> 遇特殊情况，如借款人跨月报销的，出纳人员应将借款单交会计人员入账（挂借款人个人往来账）。待借款人报销时，做冲销个人往来账处理（不退还借款单）。财务部开具收据给借款人（填写收到费用报销单单据张数/金额）。

④出纳张宁将借款单第二联结算凭证和差旅费报销单等凭证传递给相关制证人员编制转账凭证和付款凭证,作为记账依据,如图4-1-24、图4-1-25所示。

转 账 凭 证

2019 年 12 月 21 日　　　　　　　　　　　　　　　　　　　转字第 1 号

摘要	总账科目	明细科目	记账符号	借方金额 千 百 十 万 千 百 十 元 角 分	记账符号	贷方金额 千 百 十 万 千 百 十 元 角 分
报销差旅费	其他应收款			2 0 0 0 0 0		2 0 0 0 0 0
合计				¥ 2 0 0 0 0 0		¥ 2 0 0 0 0 0

附单据1张

会计主管:王薇　　记账:吕丽　　复核:沈益　　出纳:张宁　　制单:李刚

图 4-1-24　转账凭证

付 款 凭 证

贷方科目:库存现金　　2019 年 12 月 21 日　　　　　　　现付字第 1 号

摘要	借方总账科目	明细科目	记账符号	金　额 千 百 十 万 千 百 十 元 角 分
报销差旅费	管理费用			4 4 0 0 0
合计				¥ 4 4 0 0 0

附单据1张

会计主管:王薇　　记账:吕丽　　复核:沈益　　出纳:张宁　　制单:李刚

图 4-1-25　付款凭证

⑤出纳张宁根据审核无误的付款凭证登记现金日记账。

实训 2 现金清查业务处理

一、实训目的

（1）掌握现金清查的方法。
（2）能根据现金收支业务进行库存现金盘点表的填制。
（3）能根据审核无误的收款凭证编制登记现金日记账。

二、实训资料

1. 企业有关情况

（1）单位名称：北京凌云股份有限公司（一般纳税人）；纳税人识别号：659068750712345。
（2）法人代表：王国柱；财务主管：王薇。
（3）会计：吕丽；复核：沈益；制单：李刚；出纳：张宁。
（4）单位地址及电话：北京市大兴区林校路 98 号，010-82676888。
（5）开户行及账号：中国工商银行北京大兴经济开发区支行，2964004027020101015。

2. 企业有关经济业务

业务 1：2019 年 12 月 29 日，北京凌云股份有限公司进行现金清查，由出纳张宁、盘点人员李刚共同进行现金清查，由会计主管王薇监督。清查过程中发现账存数为 2 900 元，实存数为 2 700 元，经查现金盘亏系出纳失职所致；填制库存现金盘点表（见表 4-2-1），并办理相关业务。

表 4-2-1 库存现金盘点表

年　　月　　日　　　　　　　　　　　　　　　　　　　单位：元

票面额	张数	金额	票面额	张数	金额
壹佰元			伍角		
伍拾元			壹角		
贰拾元			合计		
拾元					
伍元					
壹元					
现金日记账账面余额：					
差额：					
处理意见：					

审批人：（签章）：　　　　　　监盘人（签章）：　　　　　　出纳（签章）：

业务 2：2019 年 12 月 28 日，北京凌云股份有限公司进行现金清查，由出纳张宁、盘点人李刚共同进行现金清查，由会计主管王薇监督。清查过程中发现账存数2 000元，实存数2 300元，经查现金盘盈系少支付给广达公司的款项，应填制库存现金盘点表，并办理相关业务。

要求：根据各项业务的要求进行具体操作。

三、实训操作

业务1：现金清查盘亏的具体业务流程如图4-2-1所示。

图4-2-1　现金清查盘亏的业务流程

具体步骤如下：

（1）出纳张宁根据所有涉及现金收付业务的收款凭证、付款凭证登记现金日记账，并结出账面余额。

（2）出纳张宁在盘点员李刚的监督下从保险柜中将现金票证取出，对没有整点好的货币按票币面额的大小进行整点，确定实有数额为2 700元。

（3）核对现金实有数额与现金日记账的余额，并检查是否有白条抵库等违反现金保管制度的行为，在现金清查中发现现金短缺200元。编制库存现金盘点表（见表4-2-2），并由出纳、盘点人和会计机构负责人签字。

表4-2-2　库存现金盘点表

2019年12月29日　　　　　　　　　　　　　　　　　　　　　单位：元

票面额	张数	金额	票面额	张数	金额
壹佰元	18	1 800.00	伍角		
伍拾元	10	500.00	壹角		
贰拾元	10	200.00	合计	63	¥2 700.00
拾元	15	150.00			
伍元	10	50.00			
壹元					
现金日记账账面余额：¥2 900.00					
差额：¥-200.00					
处理意见：					

审批人（签章）：*王薇*　　　　　监盘人（签章）：*李刚*　　　　　出纳人（签章）：*张宁*

（4）出纳将库存现金盘点表记账联传递给相关制证人员编制付款凭证（见图4-2-2），作为记账依据，根据审核无误的付款凭证登记现金日记账。

项目 4 现金业务

付款凭证

图 4-2-2 付款凭证

 小贴士

> 如果发生现金盘亏，应按实际短缺数借记"待处理财产损益——待处理流动资产损益"账户，贷记"库存现金"账户；待查明原因后，再转入相应账户。

（5）经查上述现金短缺系出纳失职所致，处理意见由经理在库存现金盘点表批复联上做出批示（见表 4-2-3）。

表 4-2-3 库存现金盘点表

2019 年 12 月 29 日　　　　　　　　　　　　　　　　　　单位：元

票面额	张数	金额	票面额	张数	金额
壹佰元	18	1 800.00	伍角		
伍拾元	10	500.00	壹角		
贰拾元	10	200.00	合计	63	¥ 2 700.00
拾元	15	150.00			
伍元	10	50.00			
壹元					
现金日记账账面余额：¥ 2 900.00					
差额：¥ -200.00					
处理意见：					
审批人（签章）：王薇		监盘人（签章）：李刚		出纳人（签章）：张宁	

（6）出纳张宁将库存现金盘点表批复联传递给相关制证人员编制转账凭证（见图 4-2-3），作为记账依据。

转账凭证

2019 年 12 月 29 日　　　　　　　　　　　　　　　　　　转字第 3 号

摘要	总账科目	明细科目	记账符号	借方金额 千 百 十 万 千 百 十 元 角 分	记账符号	贷方金额 千 百 十 万 千 百 十 元 角 分	
现金盘盈	其他应收款			2 0 0 0 0			附单据1张
	待处理财产损益	待处理流动资产损益				2 0 0 0 0	
合计				¥ 2 0 0 0 0		¥ 2 0 0 0 0	
会计主管：王薇		记账：吕丽		复核：沈益	出纳：张宁	制单：李刚	

图 4-2-3 转账凭证

> **小贴士**
>
> 如果属于应由责任人赔偿的库存现金短缺,应转入"其他应收款"账户;如果属于无法查明原因的库存现金短缺,应转入"管理费用"账户。

业务2: 现金清查盘盈的具体业务流程如图4-2-4所示。

图4-2-4 现金清查盘盈的业务流程

具体步骤如下:

(1)出纳张宁根据所有涉及现金收付业务的收款凭证、付款凭证登记现金日记账,并结出账面余额。

(2)出纳张宁在盘点员李刚的监督下从保险柜中将现金票证取出,对没有整点好的货币按票币面额的大小进行整点,确定实有数额。

> **小贴士**
>
> 清查时出纳人员应一直在场,并给予积极的配合。
>
> 建立清查小组,定期或不定期地对库存现金情况进行清查盘点,重点应清查账款是否相符,有无白条抵库、私借公款、挪用公款和账外资金等违法违纪行为。

(3)核对现金实有数额与现金日记账的余额,并检查是否有白条抵库等违反现金保管制度的行为。在现金清查中发现现金溢余300元,无其他违纪行为。编制库存现金盘点表(见表4-2-4),并由出纳、盘点人和会计机构负责人签字。

表4-2-4 库存现金盘点表

2019年12月28日 单位:元

票面额	张数	金额	票面额	张数	金额
壹佰元	18	1 800.00	伍角		
伍拾元	5	250.00	壹角		
贰拾元	5	100.00	合计	48	¥2 300.00
拾元	10	100.00			
伍元	10	50.00			

项目4 现金业务

续表

票面额	张数	金额	票面额	张数	金额
壹元					
现金日记账账面余额:¥2 300.00					
差额:¥300.00					
处理意见:					

审批人:(签章):*王薇*　　　　监盘人(签章):*李刚*　　　　出纳(签章):*张宁*

　　账存数大于实存数即为盘盈,账存数小于实存数即为盘亏。

　　清查结束后,应由清查人填制现金盘点报告表,填列账存、实存以及溢余或短缺金额,并说明原因,上报有关部门或负责人进行处理。

　　(4)出纳张宁将库存现金盘点表记账联传递给相关制证人员编制收款凭证(见图4-2-5),作为记账依据。出纳根据审核无误的收款凭证登记现金日记账。

图4-2-5　收款凭证

　　如果发生现金盘盈,应按实际溢余数借记"库存现金"账户,贷记"待处理财产损益——待处理流动资产损益"账户;待查明原因后,再转入相应账户。

　　(5)上述现金溢余经查属于少支付给广达公司的款项,处理意见由经理在库存现金盘点表批复联上做出批示(见表4-2-5)。

表 4-2-5　库存现金盘点表

2019 年 12 月 28 日　　　　　　　　　　　　　　　　　　　　　　　　单位：元

票面额	张数	金额	票面额	张数	金额
壹佰元	18	1 800.00	伍角		
伍拾元	5	250.00	壹角		
贰拾元	5	100.00	合计	48	¥ 2 300.00
拾元	10	100.00			
伍元	10	50.00			
壹元					

现金日记账账面余额：¥ 2 300.00

差额：¥ 300.00

处理意见：

　　上述现金长款为广达公司的应付款，请予以支付。

　　　　　　　　　　　　　　　　　　　　　　　　同意

　　　　　　　　　　　　　　　　　　　　　　　　　　　　　　　　　　经理：王建军

审批人（签章）：*王薇*　　　　　监盘人（签章）*李刚*　　　　　出纳人：（签章）：*张宁*

（6）出纳张宁将库存现金盘点表批复联传递给相关制证人员编制转账凭证（见图 4-2-6、图 4-2-7），作为记账依据。

转账凭证

2019 年 12 月 29 日　　　　　　　　　　　　　　　　　　　　　转字第 3 号

摘要	总账科目	明细科目	记账符号	借方金额 千百十万千百十元角分	记账符号	贷方金额 千百十万千百十元角分
现金盘盈	其他应收款			2 0 0 0 0 0		
	待处理财产损益	待处理流动资产损益				2 0 0 0 0 0
合计				¥ 2 0 0 0 0 0		¥ 2 0 0 0 0 0

附单据1张

会计主管：*王薇*　　记账：*吕丽*　　复核：*沈益*　　出纳：*张宁*　　制单：*李刚*

图 4-2-6　转账凭证

转账凭证

2019 年 12 月 28 日　　　　　　　　　　　　　　　　　　　　　转字第 2 号

摘要	总账科目	明细科目	记账符号	借方金额 千百十万千百十元角分	记账符号	贷方金额 千百十万千百十元角分
现金盘盈处理	其他应收款	广达公司		3 0 0 0 0		
	待处理财产损益	待处理流动资产损益				3 0 0 0 0
合计				¥ 3 0 0 0 0		¥ 3 0 0 0 0

附单据1张

会计主管：*王薇*　　记账：*吕丽*　　复核：*沈益*　　出纳：*张宁*　　制单：*李刚*

图 4-2-7　转账凭证

小贴士

　　如果属于应支付给有关个人或单位的库存现金溢余，则转入"其他应付款"账户；如果属于无法查明原因的库存现金溢余，则转入"营业外收入"账户。

实训3　设置和登记现金日记账

一、实训目的

（1）掌握现金日记账的设置和登记方法。
（2）能根据审核无误的记账凭证正确、规范地登记现金日记账。

二、实训资料

1. 企业有关情况

（1）单位名称：北京凌云股份有限公司（一般纳税人）；纳税人识别号：659068750712345。
（2）法人代表：王国柱；财务主管：王薇。
（3）会计：吕丽；复核：沈益；制单：李刚；出纳：张宁。
（4）单位地址及电话：北京市大兴区林校路98号，010-82676888。
（5）开户行及账号：中国工商银行北京大兴经济开发区支行，2964004027020101015。

2. 企业有关经济业务

　　北京凌云股份有限公司2019年9月初现金日记账余额为500元，本月发生下列有关经济业务。

业务1：1日，员工陈光预借差旅费200元，经审核，以现金付讫。
业务2：2日，签发现金支票4 000元，从银行提取现金，以备日常开支。
业务3：6日，签发现金支票46 000元，从银行提取现金，以备发放工资。
业务4：7日，以现金46 000元发放本月工资。
业务5：7日，办公室报销办公费用，经审核，以现金190元支付。
业务6：12日，采购员王民回厂报销差旅费450元，原借500元，余款退回现金。
业务7：14日，仓库保管员交来现金60元，偿还上月责任事故欠交赔款。
业务8：14日，以现金160元支付购进材料的运杂费。
业务9：17日，以现金490元支付滞纳金。

业务10：28日，将超过库存现金限额的现金30元送交银行。

要求：

（1）编制上述业务的记账凭证（见图4-3-1）。

（2）根据以上业务登记现金日记账（见表4-3-1）。

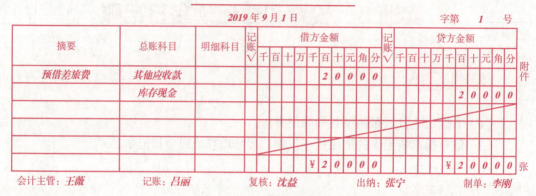

图4-3-1 记账凭证

表4-3-1 现金日记账

年		编号	摘要	借方金额									贷方金额									余额								
月	日			百	十	万	千	百	十	元	角	分	百	十	万	千	百	十	元	角	分	百	十	万	千	百	十	元	角	分

三、实训操作

出纳张宁根据上述公司业务编制记账凭证（见图 4-3-2~ 图 4-3-11）。

业务 1：

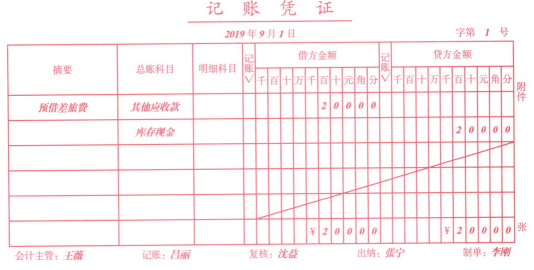

图 4-3-2　记账凭证（1）

业务 2：

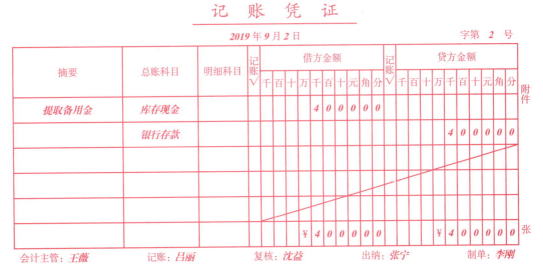

图 4-3-3　记账凭证（2）

业务3:

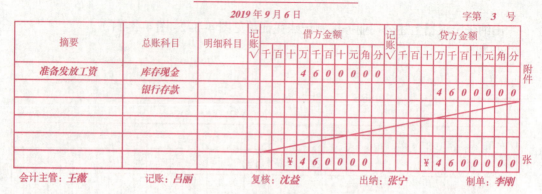

图 4-3-4　记账凭证（3）

业务4:

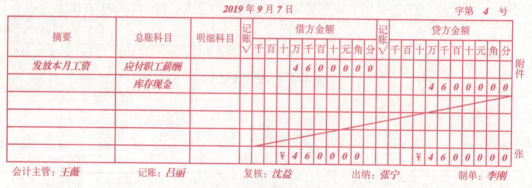

图 4-3-5　记账凭证（4）

业务5:

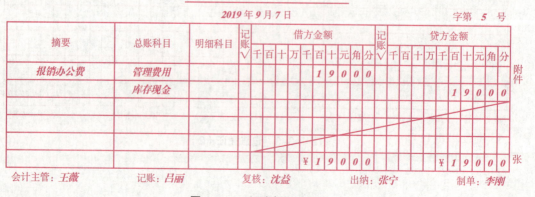

图 4-3-6　记账凭证（5）

业务6：

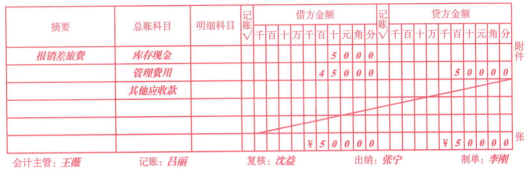

图 4-3-7　记账凭证（6）

业务7：

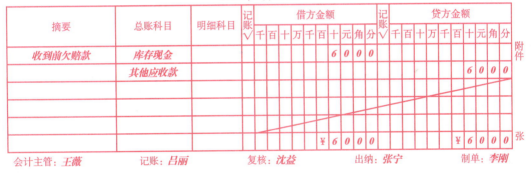

图 4-3-8　记账凭证（7）

业务8：

记 账 凭 证

2019 年 9 月 14 日　　　　　　　　　　　字第 8 号

摘要	总账科目	明细科目	记账√	借方金额 千百十万千百十元角分	记账√	贷方金额 千百十万千百十元角分
支付运杂费	材料采购	运杂费		1 6 0 0 0		
	库存现金					1 6 0 0 0
				￥ 1 6 0 0 0		￥ 1 6 0 0 0

会计主管：王薇　　记账：吕丽　　复核：沈益　　出纳：张宁　　制单：李刚

图 4-3-9　记账凭证（8）

业务9：

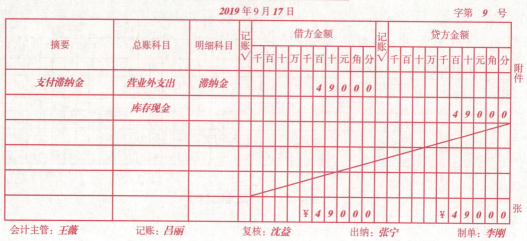

图 4-3-10　记账凭证（9）

业务10：

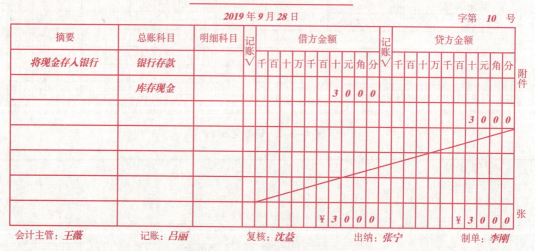

图 4-3-11　记账凭证（10）

（2）出纳张宁根据以上业务登记现金日记账（见表 4-3-2）。

项目4 现金业务

表 4-3-2 现金日记账

2019年月	日	编号	摘要	对方科目	借方金额 百	十	万	千	百	十	元	角	分	贷方金额 百	十	万	千	百	十	元	角	分	余额 百	十	万	千	百	十	元	角	分
			承前																						6	0	0	0	0	0
9	1	1	预借差旅费	其他应收款														2	0	0	0	0				5	8	0	0	0	0
9	2	2	提取备用金	银行存款					4	0	0	0	0	0												9	8	0	0	0	0
9	6	3	准备发放工资	银行存款				4	6	0	0	0	0	0											5	5	8	0	0	0	0
9	7	4	发放本月工资	应付职工薪酬													4	6	0	0	0	0	0				9	8	0	0	0	0
9	7	5	报销办公费	管理费用															1	9	0	0	0				9	6	1	0	0	0
9	12	6	报销差旅费	管理费用、其他应收款							5	0	0	0												9	6	6	0	0	0
9	14	7	收到前欠赔款	其他应收款							6	0	0	0												9	7	2	0	0	0
9	14	8	支付运杂费	材料采购															1	6	0	0	0				9	5	6	0	0	0
9	17	9	支付滞纳金	营业外支出															4	9	0	0	0				9	0	7	0	0	0
9	28	10	现金存入银行	银行存款																3	0	0	0				9	0	4	0	0	0
9	30		本月合计					5	0	1	1	0	0	0				4	7	0	7	0	0	0				9	0	4	0	0	0

实训4 现金日记账对账和结账

一、实训目的

（1）会核对现金日记账和总账。

（2）会进行现金日记账的结账。

二、实训资料

1. 企业有关情况

（1）单位名称：北京凌云股份有限公司（一般纳税人）；纳税人识别号：659068750712345。

（2）法人代表：王国柱；财务主管：王薇。

（3）会计：吕丽；复核：沈益；制单：李刚；出纳：张宁。

（4）单位地址及电话：北京市大兴区林校路98号，010-82676888。

（5）开户行及账号：中国工商银行北京大兴经济开发区支行，29640040027020101015。

2. 企业有关经济业务

2019年12月31日，出纳张宁对现金日记账进行对账和结账。

小贴士

日记账对账、结账的具体业务流程如图4-4-1所示。

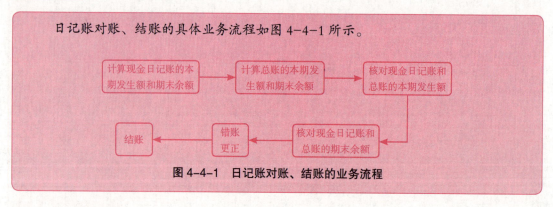

图4-4-1 日记账对账、结账的业务流程

三、实训操作

具体步骤如下：

（1）出纳张宁分别结出总分类账（见表4-4-1）和现金日记账（见表4-4-2）12月的借方合计数、贷方合计数及期末余额，并进行核对，确保账账相符。

项目 4 现金业务

表 4-4-1　总分类账

科目名称：库存现金

2019年		凭证		摘要	借方								贷方								借或贷	余额								
月	日	种类	号数		百	十	万	千	百	十	元	角	分	百	十	万	千	百	十	元	角	分		百	十	万	千	百	十	元	角	分
				承前页																			借				8	0	0	0	0	0
8	31	汇字	3	21-30汇总过入													2	0	0	0	0	0	借				6	0	0	0	0	0
8	31			本月合计				3	0	0	0	0	0				3	5	0	0	0	0	借				2	0	0	0	0	0
8	10	汇字	1	1-10汇总过入				4	3	0	0	0	0					8	0	0	0	0	借				5	5	0	0	0	0
9	20	汇字	2	11-20汇总过入				4	5	0	0	0	0				4	5	0	0	0	0	借				5	5	0	0	0	0
9	31	汇字	3	21-30汇总过入					5	8	5	0	0										借				5	0	8	5	0	0
9	31			本月合计				4	9	8	8	5	0				4	5	8	0	0	0	借				6	0	8	5	0	0

表 4-4-2　现金日记账

2019年		字	号	摘要	借方金额									贷方金额									余额								
月	日				百	十	万	千	百	十	元	角	分	百	十	万	千	百	十	元	角	分	百	十	万	千	百	十	元	角	分
				承前页				3	0	0	0	0	0				1	5	0	0	0	0				4	0	0	0	0	0
11	30	现付	027	其他应付款 预借差旅费													2	0	0	0	0	0				2	0	0	0	0	0
11	30			本月合计				3	0	0	0	0	0				3	5	0	0	0	0				2	0	0	0	0	0
12	7	现计	001	管理费用 购买茶叶														1	0	0	0	0				1	2	0	0	0	0
12	7	现计	001	银行存款 提现备用				3	0	0	0	0	0													4	2	0	0	0	0
12	7	现收	001	其他应收款 收到包装物押金					3	0	0	0	0													4	5	0	0	0	0
12	7			本日合计				3	3	0	0	0	0						8	0	0	0				4	5	0	0	0	0
12	9	现收	002	营业外收入 罚款收入					1	0	0	0	0													5	5	0	0	0	0
12	15	银付	002	银行存款 提现备发工资				4	8	0	0	0	0													5	3	5	0	0	0
12	15	现付	002	应付职工薪酬 发工资													4	8	0	0	0	0				5	5	0	0	0	0
12	30	现收	003	其他业务收入 销售材料					5	8	5	0	0													6	0	8	5	0	0
12	31			本月合计				5	2	8	8	0	0				4	5	8	0	0	0				6	0	8	5	0	0

087

> **小贴士**
>
> （1）现金日记账和总账核对的步骤：
> ①计算库存现金日记账的本期发生额和期末余额。
> ②计算库存现金总分类账账户的本期发生额和期末余额。
> ③对现金日记账上计算的本期发生额与总分类账上计算的本期发生额进行核对，要求做到：
>
> 现金日记账本期发生额＝现金总账本期发生额
>
> ④对现金日记账上计算的期末余额与总分类账上计算的期末余额进行核对，要求做到：
>
> 现金日记账期末余额＝现金总账期末余额
>
> （2）若发现现金日记账与现金总账的余额不一致，应先查明原因，再进行更改。
> ①漏记或少记。应及时进行补充登记（补充登记法）。
> ②重记。应在重复的其中一行画一道通栏红线，并加盖"此行作废"及个人签章。
> ③方向相反。应先用红字填写一行与原错误行内相同的红字金额表示冲销，再用蓝色或黑色墨水笔填写一行方向正确的金额（红字冲销法）。
> ④填写错误。先在错误的数字或文字正中画一道红线表示注销，然后在错误数字或文字上方写上正确的数字或文字，并在更正处加盖个人印章，以明确责任（画线更正法）。

（2）出纳张宁盘点库存现金，与现金日记账账面余额核对，确保账实相符，并填写库存现金盘点表。

（3）现金日记账结账。

> **小贴士**
>
> （1）月度结账（月结）。结账前应该在本月最后一笔业务下画一条通栏红线，在红线下面一行"摘要"栏内注明"本月合计"或"本期发生额及期末余额"，在"借方""贷方""余额"三栏分别填写本月借方发生额合计、贷方发生额合计及结余数额，在"本月合计"行下面再画一条通栏红线，表示本月结账完毕。
>
> （2）季度结账（季结）。应该在本季度最后一笔业务下画一条通栏红线，在红线下面一行"摘要"栏内注明"本季合计"或"本季度发生额及期末余额"，在"借方""贷方""余额"三栏分别填写本季借方发生额合计、贷方发生额合计和结余数额，在"本季合计"行下面再画一条通栏红线，表示季度结账完毕。

（3）年度结账（年结）。应该在本年度最后一个季结的下一行"摘要"栏内注明"本年累计"或"本年发生额及年末余额"，在"借方""贷方""余额"三栏分别填写本年度借方发生额合计、贷方发生额合计和年末余额，在"本年累计"行下面画两条通栏红线，表示年度结账完毕。有余额的账户，还要结转下年度。

项目 5 银行存款业务

银行存款是企业存放在银行或其他金融机构的货币资金。

根据国家有关规定：企业在银行开立的账户，只能供本企业经营范围内进行资金收付，不准出租、出借或转让；企业办理各项收付款业务时，必须如实填写款项来源或用途，不得巧立名目，套取现金；企业在银行的账户必须有足够的资金保证支付，企业的各种经济往来，除按照国家规定可以使用现金外，其他都必须办理转账结算，严格遵守银行结算纪律。

实训 1　银行账户的开立

一、实训目的

（1）理解银行账户开户的流程。
（2）了解在银行开户所需资料。

二、实训资料

1. 企业有关情况

（1）单位名称：北京凌云股份有限公司（一般纳税人）；纳税人识别号：659068750712345。
（2）法人代表：王国柱；财务主管：王薇。
（3）会计：吕丽；复核：沈益；制单：李刚；出纳：张宁。
（4）单位地址及电话：北京市大兴区林校路 98 号，010-82676888。
（5）开户行及账号：中国工商银行北京大兴经济开发区支行，29640040270201001015。

2. 企业有关经济业务

出纳张宁对银行账户种类的有关知识已经掌握得很好了，但其对于开立公司账户需要的资金和办理流程已遗忘，于是她请教了财务经理王薇。王薇以开立基本户为例给张宁进行了讲解。之后张宁模拟了开立公司账户。

三、实训操作

开立账户的具体业务流程如图 5-1-1 所示。

图 5-1-1　开立账户的具体流程

具体步骤如下：

（1）出纳张宁提前预约银行对公业务。

（2）到约定日期，带上所有材料到银行对公窗口，填写表格资料，盖章签字。

（3）缴纳开户所需费用，收好缴费凭证。

（4）开户银行报送受理材料至中国人民银行，待中国人民银行审核通过后，开户行会通知客户领取开户许可证，这个过程一般为 10 个工作日。银行开户许可证如图 5-1-2 所示。

开户许可证

核准号：　　　　　　　　　　　　　　　　　　　　　　编　号：

　　经审核，_____符合开户条件，准予开立基本存款账户。

法定代表人（单位负责人）_____开户银行_____

账　　号_____

　　　　　　　　　　　　　　　发证机关（盖章）

　　　　　　　　　　　　　　　　年　　月　　日

图 5-1-2　银行开户许可证

企业在领取开户许可证时需要带上开户时所有的证件材料。

知识链接

公司在中国工商银行开户所需资料

公司在取得新公司的营业执照，并刻好公章、财务章、法人章后，就可以准备开立公司基本户了。开立基本存款账户，中国银行规定不同的存款人应按银行的要求分别向相关网点出具证明文件。对于企业法人，银行要求其提供如下证明资料：

(1) 营业执照正本。
(2) 法人和股东身份证原件。
(3) 若是他人代理，需要法人授权书和经办人身份证原件、复印件。
(4) 公司公章、财务章、法人章（财务章和法人章材质均要求为牛角章）。

在开户时需要在银行预留印鉴，也就是财务章和法人章。印鉴要盖在一张卡片纸上留存银行。当企业需要通过支票、银行本票或银行汇票等对外支付时，必须在票据上加盖预留印鉴；银行经核对相符后，方可代企业进行支付。开立基本存款账户、临时存款账户以及预算单位开立专用存款账户的，经中国人民银行核准，符合《人民币银行结算账户管理办法》相关规定的，还可以开立异地结算账户。

实训 2　支票结算业务的处理

一、实训目的

（1）掌握转账支票的用法。
（2）具备转账支票基本业务处理能力。

二、实训资料

1. 企业有关情况

（1）单位名称：北京凌云股份有限公司（一般纳税人）；纳税人识别号：659068750712345。
（2）法人代表：王国柱；财务主管：王薇。
（3）会计：吕丽；复核：沈益；制单：李刚；出纳：张宁。
（4）单位地址及电话：北京市大兴区林校路98号，010-82676888。
（5）开户行及账号：中国工商银行北京大兴经济开发区支行，2964004027020101015。

2. 企业有关经济业务

业务1： 收款方收到转账支票的业务处理。

2019年6月8日，北京凌云股份有限公司收到太原市湖美有限责任公司交来的转账支票一张，金额为2 000 000元，是投资款（投资协议如图5-2-1所示），出纳即日到银行办理进账手续（太原市湖美有限责任公司开户行：招商银行亲贤街支行；账号：6225788456789456），填制并审核原始凭证，根据审核无误的原始凭证填制记账凭证。

项目 5　银行存款业务

投资协议

投资人	太原市湖美有限责任公司	接受单位	北京凌云股份有限公司
账号或地址	6225788456789456	账号或地址	北京市大兴区林校路98号，010-82676888
开户银行	招商银行亲贤街支行	开户银行	中国工商银行大兴经济开发区支行
投资金额：￥2 000 000.00		人民币（大写）：贰佰万元整	
协议条款	经双方友好协商达成如下协议： 1. 投资期限 5 年。 2. 在投资期限内甲方不得抽回投资。 3. 在投资期限内乙方保证甲方投资保值和增值。 4. 在投资期限内乙方应按利润分配规定支付甲方利润。 5. 未尽事宜另行商定。		
甲方代表签字：王中华		乙方代表签字：张力强	

图 5-2-1　投资协议

业务 2：付款方使用转账支票办理付款业务的处理。

2019 年 6 月 2 日，公司用转账支票支付广告费 20 000 元。

要求：根据各项业务的要求进行具体操作。

三、实训操作

业务 1：

具体步骤如下：

（1）填制并审核原始凭证（见图 5-2-2）。

图 5-2-2　转账支票

（2）到银行办理进账手续（见图5-2-3）。

中国工商银行进账单（回单或收账通知）

2019 年 6 月 8 日

出票人	全　称	太原市湖美有限责任公司	收款人	全　称	北京凌云股份有限公司
	账号或地址	6225788456789456		账号或地址	2964004027020101015
	开户银行	招商银行亲贤街支行		开户银行	中国工商银行北京大兴经济开发区支行
金额	人民币（大写）	贰佰万元整		千百十百千百十元角分	￥2 0 0 0 0 0 0 0 0
票据种类		转账支票	收款人开户银行盖章：中国人民银行大兴经济开发区支行 2019.06.08 转讫　　开户银行签章		

此联是开户银行交给持票人的回单

图 5-2-3　进账单

（3）根据审核无误的原始凭证填制记账凭证（见图5-2-4）。

记　账　凭　证

2019 年 6 月 8 日　　　　　　字第　9　号

摘要	总账科目	明细科目	记账√	借方金额 千百十万千百十元角分	记账√	贷方金额 千百十万千百十元角分
投资	银行存款			2 0 0 0 0 0 0 0 0		
	实收资本	湖美公司				2 0 0 0 0 0 0 0 0
				￥2 0 0 0 0 0 0 0 0		￥2 0 0 0 0 0 0 0 0

会计主管：王薇　　记账：吕丽　　复核：沈益　　出纳：张宁　　制单：李刚

图 5-2-4　填制记账凭证

业务 2：

具体步骤如下：

（1）填制并审核原始凭证，签发转账支票（见图 5-2-5、图 5-2-6）。

北京市广告业专用发票

客户名称：北京凌云股份有限公司

项目	单位	数量	单价	金额
广告费	次	1	20 000	20 000
合计人民币（大写）贰万元整			¥20 000.00	

数创广告公司
发票专用章

图 5-2-5 广告专用发票

中国工商银行支票存根
No 10113503
附加信息
出票日期 2019 年 6 月 12 日
收款人：腾飞广告公司
金 额：¥20 000.00
用 途：支付广费
单位主管：王薇 会计：吕丽

中国工商银行 转账支票 Ⅵ 007376543
出票日期（大写）：贰零壹玖年零陆月壹拾贰日 付款行名称：北京凌云股份有限公司
收款人：腾飞广告公司 出票人账号：29640040270201010l5
本支票付款期限十天

人民币（大写）	亿	千	百	十	万	千	百	十	元	角	分
贰万元整				¥	2	0	0	0	0	0	0

用途 支付广费
上列款项请从
我账户内支付
出票人签章
复核 记账
f11135926 K 止00120015 ₦ 81 ₦ € 29200045492₩

图 5-2-6 转账支票

（2）根据审核无误的原始凭证填制记账凭证（见图 5-2-7）。

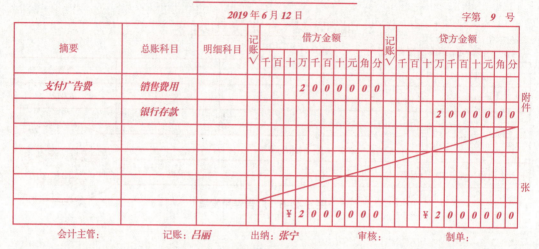

图 5-2-7　记账凭证

实训 3　银行汇票结算业务的处理

一、实训目的

（1）掌握银行汇票结算的方法。
（1）具备银行汇票基本业务处理能力。

二、实训资料

1. 企业有关情况

（1）单位名称：北京凌云股份有限公司（一般纳税人）；纳税人识别号：659068750712345。
（2）法人代表：王国柱；财务主管：王薇。
（3）会计：吕丽；复核：沈益；制单：李刚；出纳：张宁。
（4）单位地址及电话：北京市大兴区林校路 98 号，010-82676888。
（5）开户行及账号：中国工商银行北京大兴经济开发区支行，2964004027020101015。

项目 5　银行存款业务

2. 企业有关经济业务

业务 1： 2019 年 6 月 17 日，北京凌云股份有限公司业务员持银行汇票前往榆次区方大公司购货，收到对方开出的增值税专用发票。出纳张宁对增值税专用发票进行审核。

业务 2： 2019 年 6 月 15 日，北京凌云股份有限公司从榆次区方大公司购入商品 2 000 件，并准备以银行汇票形式进行结算。财务科填报银行汇票申请书，申请开出面额为 60 000 元的银行汇票。6 月 15 日，双方签订采购合同，商品每件 20 元，增值税率为 17%，用银行汇票办理结算。

榆次区方大公司开户行及账号：榆次工商银行尧都路支行，6212260200830080798。

业务 3： 出纳张宁根据银行汇票填制记账凭证。

要求：根据各项业务的要求进行具体操作。

三、实训操作

业务 1： 出纳张宁对榆次区方大公司开出的增值税专用发票进行审核（见图 5-3-1）。

山西增值税专用发票
发票联

开票日期：2019 年 6 月 17 日
收款人：张之良　　　　　　　　　　　　　　　　单位：元（未盖章无效）

购货单位	名　称	北京凌云股份有限公司		纳税人登记号							659068750712345								
	地址、电话	北京市大兴区林校路 98 号，010-82676888		开户银行及账号							中国工商银行大兴经济开发区支行，2964004027020101015								
商品或劳务名称	计量单位	数量	单价	金　额							税率 %								
				百	十	万	千	百	十	元	角	分		百	十	万	千	百	十	元	角	分
实木板材	立方米	2 000	20		￥	4	0	0	0	0	0	0	17			6	8	0	0	0	0
合　计															￥	4	6	8	0	0	0
价税合计（大写）																					
销货单位	名　称	榆次区方大公司		纳税人登记号							140104201560033								
	地址、电话	晋中市尧都路 173 号，0351-6689030		开户银行及账号							榆次工商银行尧都路支行，66212260200830080798								

图 5-3-1　增值税专用发票

业务 2：

具体步骤如下：

（1）出纳张宁填制银行汇票申请书（见图 5-3-2）。

097

中国工商银行银行汇票申请书

申请日期：*2019* 年 *6* 月 *15* 日　　第　　号

申请人	全　称	*北京凌云股份有限公司*	收款人	全　称	*榆次区方大公司*
	账号或地址	*2964004027020101015*		账号或地址	*6212260200830080798*
	用　途	*购入商品*		代理付款行	*榆次工商银行尧都路支行*
金额	人民币（大写）：*肆万陆仟元整*		千百十万千百十元角分 ¥　　　*4 6 0 0 0 0 0*		

上述款项请从我账户内支付　　　　科目（借）：_____
申请人盖章　　　　　　　　　　　对方科目（贷）：_____
　　　　　　　　　　　　　　　　转账日期：*2019* 年 *6* 月 *15* 日
　　　　　　　　　　　　　　　　单位主管：*王薇*　　会计：*吕丽*
　　　　　　　　　　　　　　　　复核：*沈益*　　　出纳：*张宁*

图 5-3-2　银行汇票

（2）开户行审核符合要求，给北京凌云股份有限公司签发银行汇票。

业务 3： 出纳张宁根据银行汇票填制记账凭证（见图 5-3-3）。

记　账　凭　证

2019 年 *6* 月 *15* 日　　　　　　　　字第 *5* 号

摘　要	总账科目	明细科目	记账√	借方金额 千百十万千百十元角分	记账√	贷方金额 千百十万千百十元角分
购入商品	库存商品			*4 0 0 0 0 0 0*		
	应交税金	应交增值税 （进项税额）		*6 8 0 0 0 0*		
	银行存款					*4 6 8 0 0 0 0*
				¥　　*4 6 8 0 0 0 0*		¥　　*4 6 8 0 0 0 0*

会计主管：*王薇*　　记账：*吕丽*　　复核：*沈益*　　出纳：*张宁*　　制单：*李刚*

图 5-3-3　记账凭证

实训 4　汇兑结算业务的处理

一、实训目的

（1）掌握信汇结算的方法。
（2）具备汇款结算基本业务处理能力。

二、实训资料

1. 企业有关情况

（1）单位名称：北京凌云股份有限公司（一般纳税人）；纳税人识别号：659068750712345。

（2）法人代表：王国柱；财务主管：王薇。

（3）会计：吕丽；复核：沈益；制单：李刚；出纳：张宁。

（4）单位地址及电话：北京市大兴区林校路98号，010-82676888。

（5）开户行及账号：中国工商银行北京大兴经济开发区支行，2964004027020101015。

2. 企业有关经济业务

业务1： 2019年6月20日，公司汇出货款偿还前欠晋城事成公司货款6 000元（事成公司账户：工商银行晋城分行；账号：7894561230004457891）。出纳张宁填写信汇凭证。

业务2： 出纳张宁根据信汇凭证填制记账凭证。

要求：根据各项业务的要求进行具体操作。

三、实训操作

业务1： 出纳填写信汇凭证（见图5-4-1）。

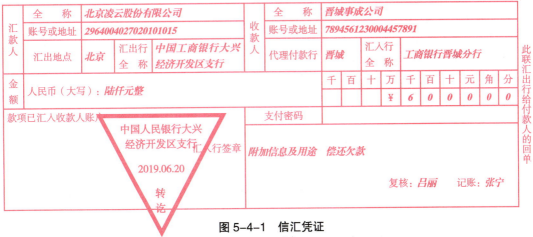

图5-4-1 信汇凭证

业务2： 出纳张宁根据信汇凭证填制记账凭证（见图5-4-2）。

记 账 凭 证

2019 年 6 月 20 日　　　　　　　　　　字第 6 号

摘要	总账科目	明细科目	记账√	借方金额 千百十万千百十元角分	记账√	贷方金额 千百十万千百十元角分
偿还欠款	应付账款			￥6 0 0 0 0 0		
	银行存款					6 0 0 0 0 0
				￥6 0 0 0 0 0		￥6 0 0 0 0 0

附件 张

会计主管：**王薇**　　记账：**吕丽**　　复核：**沈益**　　出纳：**张宁**　　制单：**李刚**

图 5-4-2　记账凭证

实训 5　委托收款结算业务的处理

一、实训目的

（1）掌握委托收款结算的方法。
（2）具备委托收款结算基本业务处理能力。

二、实训资料

1. 企业有关情况

（1）单位名称：北京凌云股份有限公司（一般纳税人）；纳税人识别号：659068750712345。
（2）法人代表：王国柱；财务主管：王薇。
（3）会计：吕丽；复核：沈益；制单：李刚；出纳：张宁。
（4）单位地址及电话：北京市大兴区林校路 98 号，010-82676888。
（5）开户行及账号：中国工商银行北京大兴经济开发区支行，2964004027020101015。

2. 企业有关经济业务

业务 1：2019 年 6 月 20 日，出纳张宁委托开户行向河北成亿公司收取 4 月 22 日欠款 30 000 元（河北成亿公司账户：工商银行双西分行；账号：8594561230004457892）。

业务 2：2019 年 6 月 22 日河北成亿公司收到中国工商银行委托收款凭证（付账通知）后，及时进行处理。

业务 3：2019 年 6 月 25 日北京凌云股份有限公司收到中国工商银行委托收款凭证（收账通知）。

要求：根据各项业务的要求进行具体操作。

三、实训操作

业务 1：出纳张宁到开户行办理委托收款，填写委托收款凭证，带回回单联（见图 5-5-1）。

中国工商银行委托收款凭证（回单）

委托日期：*2019 年 6 月 20 日*　　　　付款日期：*2019 年 6 月 22 日*

汇款人	全　　称	河北成亿公司	收款人	全　　称	北京凌云股份有限公司
	账号或地址	859456123000645782		账号或地址	2964004027020101015
	开户银行	工商银行双西分行		开户银行	中国工商银行大兴经济开发区支行
金额	人民币（大写）：叁万元整				千百十万千百十元角分 ¥ 3 0 0 0 0 0 0
附　　付 附寄单语		4 张	商品发运情况	合同名称号码 958	
备注	（中国工商银行大兴经济开发区支行 2019.06.20 转讫）	上列款项已由付款人开户银行全额划回收入你方账户。此致！收款人　河北成亿公司（收款人开户行盖）　月　日		科目：对方科目：转账日期：*2019 年 6 月 22 日*单位主管：*王薇*　会计：*吕丽*复核：*沈益*　记账：*张宁*	

图 5-5-1　委托收款凭证（回单）

业务 2：河北成亿公司收到委托收款凭证（付款通知）及时进行转账处理（见图 5-5-2）。

中国工商银行委托收款凭证（付款通知）

委托日期：*2019* 年 *6* 月 *22* 日　　　　付款日期：*2019* 年 *6* 月 *22* 日

汇款人	全称	河北成亿公司	收款人	全称	北京凌云股份有限公司
	账号或地址	8594561230006457892		账号或地址	2964004027020101015
	开户银行	工商银行双西分行		开户银行	中国工商银行大兴经济开发区支行

金额	人民币（大写）：叁万元整	千	百	十	万	千	百	十	元	角	分
					¥	3	0	0	0	0	0

附件		商品发运情况		合同名称号码	
附寄单语：中国工商银行大兴经济开发区支行 2019.06.22 转讫		公路		958	
备注：		上列款项已由付款人开户银行全额划回收入你方账户。 此致！ 收款人 河北成亿公司 （收款人开户行盖） 月 日		科目： 对方科目： 转账日期：2019 年 6 月 22 日 单位主管：*王薇*　会计：*吕丽* 复核：*沈益*　记账：*张宁*	

图 5-5-2　委托收款凭证（付款通知）

业务 3：出纳收到委托收款收账通知，据此填制记账凭证（见图 5-5-3、图 5-5-4）。

中国工商银行委托收款凭证（收账通知）

委托日期：*2019* 年 *6* 月 *25* 日　　　　付款日期：*2019* 年 *6* 月 *22* 日

汇款人	全称	河北成亿公司	收款人	全称	北京凌云股份有限公司
	账号或地址	8594561230006457892		账号或地址	2964004027020101015
	开户银行	工商银行双西分行		开户银行	中国工商银行大兴经济开发区支行

金额	人民币（大写）：叁万元整	千	百	十	万	千	百	十	元	角	分
					¥	3	0	0	0	0	0

附件		商品发运情况		合同名称号码	
附寄单语：中国工商银行大兴经济开发区支行 2019.06.25 转讫		公路		958	
备注：		上列款项已由付款人开户银行全额划回收入你方账户。 此致！ 收款人 河北成亿公司 （收款人开户行盖） 月 日		科目： 对方科目： 转账日期：2019 年 6 月 22 日 单位主管：*王薇*　会计：*吕丽* 复核：*沈益*　记账：*张宁*	

图 5-5-3　委托收款凭证（付款通知）

记 账 凭 证

2019 年 6 月 25 日　　　　　　　　　　　　　　　字第 9 号

摘要	总账科目	明细科目	记账√	借方金额 千百十万千百十元角分	记账√	贷方金额 千百十万千百十元角分
收取欠款	银行存款			3 0 0 0 0 0 0		
	应收账款	成亿公司				3 0 0 0 0 0 0
				¥ 3 0 0 0 0 0 0		¥ 3 0 0 0 0 0 0

会计主管：王薇　　　记账：吕丽　　　复核：沈益　　　出纳：张宁　　　制单：李刚

图 5-5-4　记账凭证

实训 6　托收承付结算业务的处理

一、实训目的

（1）掌握托收承付结算的方法。
（2）具备托收承付基本业务处理能力。

二、实训资料

1. 企业有关情况

（1）单位名称：北京凌云股份有限公司（一般纳税人）；纳税人识别号：659068750712345。
（2）法人代表：王国柱；财务主管：王薇。
（3）会计：吕丽；复核：沈益；制单：李刚；出纳：张宁。
（4）单位地址及电话：北京市大兴区林校路 98 号，010-82676888。
（5）开户行及账号：中国工商银行北京大兴经济开发区支行，2964004027020101015。

2. 企业有关经济业务

业务 1：2019 年 7 月 4 日，公司采用托收承付结算方式向安徽省泰志新有限责任公司销售 A 产品 300 件，单价 1 000 元/件，增值税税率为 17%。

业务 2：公司按照与购货方安徽省泰志新有限责任公司签订的购销合同发货后，委托银行托收款项。

业务 3：安徽省泰志新有限责任公司采用托收承付结算方式承付款项。

要求：根据各项业务的要求进行具体操作。

知识链接

托收承付结算程序包括托收、承付两个阶段。

1. 托收

托收是指收款单位委托开户银行办理收款手续的过程。收款人办理托收必须具有商品确已发运的证件（包括铁路、航运、公路等运输部门签发的运单、运单副本和邮局包裹回执）。特殊情况下，没有发运证件的可凭其他有关证件办理托收。

2. 承付

承付是指付款人在承付期内，向银行承认付款的过程。承付货款分为验单付款和验货付款两种，由收付双方商量选用，并在合同中明确规定。验单付款是指付款人根据银行转来的托收承付结算凭证及其他单证，与经济合同核对无误后，承付货款。验货付款是指付款人在收到商品，检验无误后，才承付货款。

验单付款的承付期为3天，从付款人开户银行发出承付通知的次日算起（承付期内遇法定休假日顺延）。付款人在承付期间，未向银行表示拒绝付款，银行即视作承付，并在承付期满的次日（法定休假日顺延）上午银行开始营业时，将款项主动从付款人的账户内划出，按照收款人指定的划款方式划给收款人。

验货付款的承付期为10天，从运输部门向付款人发出提货通知的次日算起。对于收付双方在合同中明确规定并在托收凭证上注明收款期限的，银行从其规定。

不论验单付款还是验货付款，付款人都可以在承付期内提前向银行表示承付，并通知银行提前付款，银行应立即办理划款。因商品的价格、数量或金额变动，付款人应多承付款项的，付货款中，可抵扣其他款项或以前托收的货款。

托收承付结算款项的划回方法分为邮寄和电报两种，由收款人选用。

托收承付结算每笔的金额起点为1万元。新华书店系统每笔的金额起点为1千元。

托收承付适用于异地各种符合条件的单位之间，以及以经济合同为依据的商品交易及劳务供应等款项的结算。

托收承付结算一般按"先发货，后付款"的顺序办理，包括托收、承付、划款、收款四个阶段。这个过程与委托收款结算基本相似。

三、实训操作

业务1：

（1）2019年7月4日，会计吕丽开出增值税专用发票（见图5-6-1），出纳张宁到开户银行办理托收承付手续，填制托收凭证和银行收费凭证，支付银行托收手续费

50 元；开出转账支票（见图 5-6-2）支付代垫运费 4 000 元，货运公司开出运费发票（见图 5-6-3）。

1200560005　　北京市增值税专用发票　　No 99181160

发票联

（全国统一发票监制章　北京市　国家税务总局监制）

开票日期：2019 年 7 月 4 日

购货单位	名　　称：安徽省泰志新有限责任公司 纳税人识别号：423108657336405 地 址、电 话：长江东号 115 号，48732369 开户行及账号：安徽省六安市城南支行，6215581369432406215				密码区		
货物或应税劳务名称	规格型号	单位	数量	单价	金额	税率	税额
A 产品 合　　计		件	300	1 000.00	300 000.00	17%	5 100.00
价税合计（大写）	人民币叁拾伍万壹仟元整				（小写）¥351 000.00		
销货单位	名　　称：北京凌云股份有限公司 纳税人识别号：659068750712345 地 址、电 话：北京市大兴区林校路 98 号，010-82676888 开户行及账号：中国工商银行大兴经济开发区支行，2964004027020101015				备注	合同号：稽 80151089 北京凌云股份有限公司 发票专用章	

收款人：　　　　复核：　　　　开票人：　　　　销货单位（章）：

图 5-6-1　销售发票

中国工商银行支票存根

No.10113503

附加信息

出票日期：2019 年 7 月 4 日

收款人：	安徽省泰志新有限责任公司
金　额：	¥4 000
用　途：	付运费

单位主管：　　　　会计：

中国工商银行　转账支票　　Ⅵ 007376543

出票日期（大写）：贰零壹玖年零柒月零肆日　付款行名称：中国工商银行北京大兴经济开发区支行

收款人：安徽省泰志新有限责任公司　　出票人账号：2964004027020101015

人民币（大写）	亿	千	百	十	万	千	百	十	元	角	分
肆仟元整					¥	4	0	0	0	0	0

本支票付款期限十天

用途 付运费

上列款项请从

我账户内支付

出票人签章

复核　　　　记账

f11135926K　　Д00120015 ₦ 81 ₦　　₠ 29200045492₩

图 5-6-2　转账支票

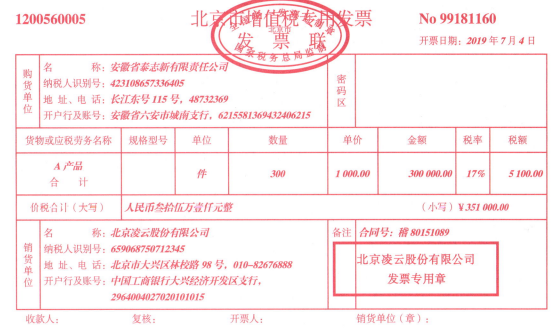

北京市铁路运输业统一发票

No 00247987

托运单号：05680

托运单位	北京凌云股份有限公司	承运单位	大兴火车站
装货地点	大兴火车站	卸货地点	六安市火车站
接货单位	安徽省泰志新有限责任公司	运输合同	铁运 16-562345
单位地址		计费里程	1 000 千米

货物名称	件数	计量	质量	单 位	金额								
					十	万	千	百	十	元	角	分
A 产品	300	件	2吨	2元/（千米·吨）			4	0	0	0	0	0
合　　　　计					¥		4	0	0	0	0	0

人民币（大写）肆仟元整

开票单位：　　　　　　　　　制单：张凯　　　　　　　　　复核：

图 5-6-3　运费发票

（2）会计吕丽审核原始凭证，根据审核无误的原始凭证填制记账凭证。根据银行付费凭证填制记账凭证（见图 5-6-4），根据货运公司开出的运费发票填制记账凭证（见图 5-6-5）。

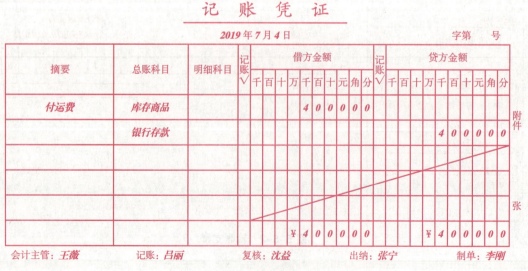

图 5-6-4　记账凭证（1）

项目5 银行存款业务

图 5-6-5 记账凭证（2）

业务2：

具体步骤如下：

（1）7月4日出纳张宁填制一式五联的托收凭证，将托收凭证并附发运证件或其他符合托收承付结算的有关证明和交易单据（连同经济合同副本、销货发票、代垫运杂费单据）一并交送开户银行办理托收手续。

（2）公司开户银行接到托收凭证及其附件后，按照托收的范围、条件和托收凭证记载的要求进行审查（必要时还应查验公司与安徽省泰志新有限责任公司签订的购销合同）。银行审查无误后，在托收凭证第一联回单（见图5-6-6）上加盖"已验发运证件"受理印章。出纳张宁带回作为入账依据，并取回发运证件。

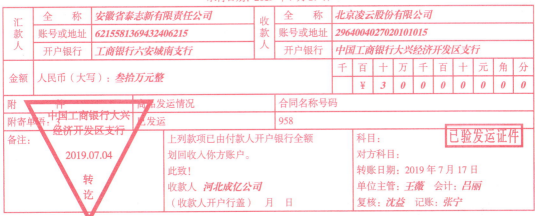

图 5-6-6 托收凭证第一联回单联

（3）会计吕丽根据托收凭证第一联回单填制记账凭证（见图5-6-7）。

107

记账凭证

2019 年 7 月 4 日　　　　　　　　　　　　字第　　号

摘要	总账科目	明细科目	记账√	借方金额 千百十万千百十元角分	记账√	贷方金额 千百十万千百十元角分	
办理托收	应收账款			3 5 1 0 0 0 0 0			附件
	主营业务收入					3 0 0 0 0 0 0 0	
	应交税金	应交增值税（销项税额）				5 1 0 0 0 0 0	
				¥ 3 5 1 0 0 0 0 0		¥ 3 5 1 0 0 0 0 0	张

会计主管：王薇　　记账：吕丽　　复核：沈益　　出纳：张宁　　制单：李刚

图 5-6-7　记账凭证（3）

业务 3：

具体步骤如下：

（1）安徽省泰志新有限责任公司开户银行收到托收凭证及其附件后，及时通知安徽省泰志新有限责任公司，并在承付期间审查核对，安排资金。

（2）安徽省泰志新有限责任公司出纳收到开户银行转来的托收凭证第五联付款通知及有关发运单证和交易单证后，会同供应部门、财务部门有关人员认真仔细地审查相关凭证，看其价格、金额、品种、规格、质量、数量等是否符合双方签订的合同，并在承付期内签署全部承付、部分承付、拒付的意见。

注：安徽省泰志新有限责任公司不得在承付货款中扣抵其他款项或以前托收的货款。安徽省泰志新有限责任公司如提出拒绝付款，必须填写拒绝付款理由书并签章，说明拒绝付款理由，涉及合同的，应引证合同上的有关条款。

（3）2019 年 7 月 5 日，安徽省泰志新有限责任公司接到开户银行转来托收凭证付款通知（见图 5-6-8），经审核无误同意支付货款。

中国工商银行委托承款凭证（付款通知）

委托日期：2019 年 7 月 4 日
承付日期：2019 年 7 月 11 日

汇款人	全称	安徽省泰志新有限责任公司	收款人	全称	北京凌云股份有限公司
	账号或地址	6215581369432406215		账号或地址	2964004027020101015
	开户银行	工商银行六安城南支行		开户银行	中国工商银行大兴经济开发区支行

金额	人民币（大写）：叁拾万元整	千百十万千百十元角分 ¥ 3 0 0 0 0 0 0 0

附寄单证	中国工商银行 六安城南支行 2019.07.04 转讫	商品发运情况 已发运	合同名称号码 958

备注	上列款项已由付款人开户银行全额划回收入你方账户。此致：收款人 北京凌云股份有限公司（收款人开户行盖）7 月 5 日	科目： 对方科目： 转账日期：2019 年 7 月 11 日 单位主管：　　会计： 复核：　　记账：

图 5-6-8　托收凭证付款通知

（4）2019年7月17日，出纳张宁接到银行收账通知（见图5-6-9），收回安徽省泰志新有限责任公司7月5日支付的货款，已转入企业账户。

中国工商银行委托承款凭证（收账通知）

委托日期：*2019*年*7*月*5*日
承付日期：*2019*年*7*月*17*日

汇款人	全称	安徽省泰志新有限责任公司	收款人	全称	北京凌云股份有限公司
	账号或地址	6215581369432406215		账号或地址	2964004027020101015
	开户银行	工商银行六安城南支行		开户银行	中国工商银行大兴经济开发区支行
金额	人民币（大写）：*叁拾万元整*				￥300000000
附寄单据：3		商品发运情况：已发运		合同名称号码：958	
备注		上列款项已由付款人开户银行全额划回收入你方账户。此致！收款人（收款人开户行盖） 月 日		科目： 对方科目： 转账日期：2019年7月17日 单位主管：*王薇* 会计：*吕丽* 复核：*沈益* 记账：*张宁*	

（中国工商银行 银放南路支行 2019.07.05 转讫）

图 5-6-9 托收凭证收账通知

会计吕丽根据托收凭证收账通知联填制记账凭证（见图5-6-10）。

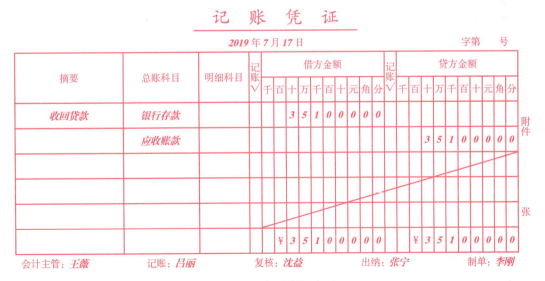

图 5-6-10 记账凭证（4）

实训 7　银行存款金额调节表的编制

一、实训目的

（1）学会对未达账项进行分析。
（2）学会编制银行存款余额调节表。

二、实训资料

1. 企业有关情况

（1）单位名称：北京凌云股份有限公司（一般纳税人）；纳税人识别号：659068750712345。
（2）法人代表：王国柱；财务主管：王薇。
（3）会计：吕丽；复核：沈益；制单：李刚；出纳：张宁。
（4）单位地址及电话：北京市大兴区林校路 98 号，010-82676888。
（5）开户行及账号：中国工商银行北京大兴经济开发区支行，2964004027020101015。

2. 企业有关经济业务

月末，财务主管王薇通知出纳张宁，将银行存款日记账、银行对账单准备好，由会计吕丽对银行存款进行清查。出纳张宁将资料准备好后，打算先对银行存款进行自查。经核查发现存在未达账项。

银行存款的清查方法
企业与银行的对账是通过企业银行存款日记账与银行对账单的逐笔勾对进行的。企业接到对账单后应与银行存款日记账逐笔勾对。若发生错账或漏账，应立即查明原因并加以更正或补记，以确保企业的银行存款账实相符，准确掌握企业银行存款的实有数额。

知识链接

　　未达账项是指企业与银行双方之间由于结算凭证传递的时间不同，而造成的一方已入账，另一方尚未入账的会计事项。

项目 5 银行存款业务

未达账项有四种情况：

(1) 银行已收款入账，企业尚未收款入账的款项。

(2) 银行已付款入账，企业尚未支付入账的款项。

(3) 企业已收款入账，而银行尚未收款入账的款项。

(4) 企业已付款入账，而银行尚未付入账的款项。

为了准确掌握企业可运用的银行存款实有数，在核对中如发现未达账项，应编制银行存款余额调节表进行调节。

银行存款日记账余额 + 银行已收企业未收的款项 - 银行已付企业未付的款项 = 银行对账单余额 + 企业已收银行未收的款项 - 企业已付银行未计的款项

要求：编制银行存款余额调节表。

三、实训操作

银行存款清查的具体业务流程如图 5-7-1 所示。

图 5-7-1　银行存款清查业务流程

出纳张宁经自查发现银行存款日记账与银行对账单不符，查明原因，存在未达账项。出纳张宁对未达账项进行调整。

具体步骤如下：

（1）出纳张宁登记银行存款日记账，见表 5-7-1。

表 5-7-1　银行存款日记账

2019年		记账凭证		对方科目	摘要	结算凭证		借方									贷方									√	余额							
月	日	字	号			种类	号码	千	百	十	万	千	百	十	元	角	分	千	百	十	万	千	百	十	元	角	分		千	百	十	万	千	百	十	元	角	分
					承前页					8	8	9	0	0	0	0	0				3	6	0	0	0	0	0				7	0	0	0	0	0	0	0
11	30	限付	025	应付账款	支付电缆	转支	7901															1	2	0	0	0	0				6	8	8	0	0	0	0	0
11	30				本月合计					8	8	9	0	0	0	0	0				3	7	2	0	0	0	0				6	8	8	0	0	0	0	0
12	5	银收	001	应收账款	收回前欠贷款	转支	2104				3	5	1	0	0	0	0													1	0	3	9	0	0	0	0
12	8	银付	001	原材料	购材料	转支	6761															2	2	6	0	0	0				1	0	1	6	4	0	0	0
12	12	银收	002	预收账款	预收货款	支票	4086				1	0	0	0	0	0	0													1	1	1	6	4	0	0	0
12	13	银付	003	销售费用	支付广告费	转支	6762															5	0	0	0	0	0				1	0	6	6	4	0	0	0

续表

2019年		记账凭证		对方科目	摘要	结算凭证		借方										贷方										√	余额								
月	日	字	号			种类	号码	千	百	十	万	千	百	十	元	角	分	千	百	十	万	千	百	十	元	角	分		千	百	十	万	千	百	十	元	角	分
12	14	银收	003	短期账款	收回前欠货款	转支	4457				2	5	0	0	0	0	0													1	0	9	1	4	0	0	0	0
12	15	银付	003	短期借款	偿还短期借款	转支	6763														5	0	0	0	0	0	0					5	9	1	4	0	0	0	0
12	15	银付	004	库存现金	提现备发工资	转支	6764														2	0	0	0	0	0	0	0					3	9	1	4	0	0	0	0
12	30	银收	004	主营业务收入	销售商品		7732			1	1	7	0	0	0	0	0														5	0	8	4	0	0	0	0
12	31				本月合计																										5	0	8	4	0	0	0	0

（2）出纳张宁取得对账单，见表5-7-2。

表5-7-2　中国工商银行对账单

户名：中国工商银行北京大兴经济开发区支行　　　　　　　　第1页
账号：2964004027020101015　　　　　　　　　　　　　　　利率：%

日期	摘要	结算凭证		借方	贷方	余额
		种类	号数			
2019-11-01	上期结余					¥660 000.00
2019-12-02	转账支出	转支	7901	¥12 000.00		¥648 000.00
2019-12-03	转账收入	银行汇票	0234		¥40 000.00	¥688 000.00
2019-12-06	转账收入	转支	2104		¥351 000.00	¥1 039 000.00
2019-12-09	转账支出	转支	6761	¥22 600.00		¥1 016 400.00
2019-12-14	转账支出	转支	6762	¥50 000.00		¥1 066 400.00
2019-12-14	转账收入	本票	4086		¥100 000.00	¥1 066 400.00
2019-12-16	转账支出		6763	¥500 000.00		¥566 400.00
2019-12-18	转账支出		6764	¥200 000.00		¥366 400.00
2019-12-18	转账收入	转支	4457		¥25 000.00	¥391 400.00
2019-12-27	转账收入	电汇	0057		¥70 200.00	¥446 600.00
2019-12-30	转账支出	委托收款	0286	¥15 000.00		¥446 600.00
2019-12-31	本期结余			¥799 600.00	¥586 200.00	¥446 600.00

（3）勾对，见表 5-7-3、表 5-7-4。

表 5-7-3　银行存款日记账

2019年		记账凭证		对方科目	摘要	结算凭证		借方	贷方	√	余额
月	日	字	号			种类	号码	千百十万千百十元角分	千百十万千百十元角分		千百十万千百十元角分
					承前页			8 9 0 0 0 0 0	3 6 0 0 0 0 0		7 0 0 0 0 0 0
11	30	限付	025	应付账款	支付电缆	转支	7901		1 2 0 0 0 0		6 8 8 0 0 0 0
11	30				本月合计			8 8 9 0 0 0 0	3 7 2 0 0 0 0		6 8 8 0 0 0 0
12	5	银收	001	应收账款	收回前欠贷款	转支	2104	3 5 1 0 0 0 0			1 0 3 9 0 0 0 0
12	8	银付	001	原材料	购面粉	转支	6761		2 2 6 0 0 0 0		1 0 6 4 0 0 0 0
12	12	银收	002	预收账款	预收货款	支票	4086	1 0 0 0 0 0 0			1 1 1 6 4 0 0 0 0
12	13	银付	003	销售费用	支付方徒费	转支	6762		5 0 0 0 0 0		1 0 6 6 4 0 0 0 0
12	14	银收	003	短期账款	收回前欠货款	转支	4457	2 5 0 0 0 0 0			1 0 9 1 4 0 0 0 0
12	15	银付	003	短期借款	偿还短期借款	转支	6763		5 0 0 0 0 0 0		5 9 1 4 0 0 0 0
12	15	银付	004	库存现金	提现备发工资	转支	6764		2 0 0 0 0 0 0		3 9 1 4 0 0 0 0
12	30	银收	004	主营业务收入	销售商品		7732	1 1 7 0 0 0 0 0			5 0 8 4 0 0 0 0
12	31				本月合计						5 0 8 4 0 0 0 0

表 5-7-4　中国工商银行对账单

户名：中国工商银行北京大兴经济开发区支行　　　　　　　　　　第 1 页
账号：2964004027020101015　　　　　　　　　　　　　　　　　利率：%

日期	摘要	结算凭证 种类	结算凭证 号数	借方	贷方	余额
2019-11-01	上期结余					¥ 660 000.00
2019-12-02	转账支出	转支	7901	¥ 12 000.00		¥ 648 000.00
2019-12-03	转账收入	银行汇票	0234		¥ 40 000.00	¥ 688 000.00
2019-12-06	转账收入	转支	2104		¥ 351 000.00	¥ 1 039 000.00
2019-12-09	转账支出	转支	6761	¥ 22 600.00		¥ 1 016 400.00
2019-12-14	转账支出	转支	6762	¥ 50 000.00		¥ 1 066 400.00
2019-12-14	转账收入	本票	4086		¥ 100 000.00	¥ 1 066 400.00
2019-12-16	转账支出		6763	¥ 500 000.00		¥ 566 400.00
2019-12-18	转账支出		6764	¥ 200 000.00		¥ 366 400.00
2019-12-18	转账收入	转支	4457		¥ 25 000.00	¥ 391 400.00
2019-12-27	转账收入	电汇	0057		¥ 70 200.00	¥ 446 600.00
2019-12-30	转账支出	委托收款	0286	¥ 15 000.00		¥ 446 600.00
2019-12-31	本期结余			¥ 799 600.00	¥ 586 200.00	¥ 446 600.00

（4）编制银行存款余额调节表，见表 5-7-5。

表 5-7-5　银行存款余额调节表

2019 年 12 月 31 日　　　　　　　　　　　　　　　　　　　　　　　　单位：元

项目	金额	项目	金额
银行存款日记账余额	508 400.00	银行对账单余额	446 600.00
加：银行已收，企业未收	70 200.00	加：银行已收，企业未收	117 000.00
减：银行已付，企业未付	15 000.00	减：银行已付，企业未付	
调节后余额	563 600.00	调节后余额	563 600.00

实训 8　错账的更正方法

一、实训目的

（1）了解错账的更正方法。

（2）会采用正确的方法进行错账更正。

二、实训资料

1. 企业有关情况

（1）单位名称：北京凌云股份有限公司（一般纳税人）；纳税人识别号：659068750712345。

（2）法人代表：王国柱；财务主管：王薇。

（3）会计：吕丽；复核：沈益；制单：李刚；出纳：张宁。

（4）单位地址及电话：北京市大兴区林校路98号，010-82676888。

（5）开户行及账号：中国工商银行北京大兴经济开发区支行，2964004027020101015。

2. 企业有关经济业务

北京凌云股份有限公司2019年8月1日现金日记账登记情况见表5-8-1。

表5-8-1 现金日记账

单位：元

2019年		凭证号数	对方科目	摘要	收入（借方）金额	付出（贷方）金额	结存金额
月	日						
7	23			承上页	67 098	65 092	6 374
				略			
				略			
	31			本月合计	87 250	86 848	4 770
8	1	现付1	其他应收款	付差旅费		3 000	1 770
	1	银付1	银行存款	提现备用	5 000		
	1	现收1	其他应收款	收回多余差旅费	364		
	1	现付2	管理费用	付业务招待费		1 450	
	1	现付3	应付职工薪酬	付职工子女幼托费		450	
	1	现付4	应付职工薪酬	付职工培训费		680	

经查，该现金日记账有如下错误：

（1）8月1日，"现付1"付差旅费付款凭证金额为3 000元，原始凭证金额为4 000元。

（2）8月1日，"现收1"收回多余差旅费收款凭证金额为364元，原始凭证金额为346元。

（3）8月1日，"现付4"付职工培训费付款凭证金额为860元，原始凭证金额为680元。

要求：根据错账更正的记账凭证登记现金日记账并结出1日的发生额与余额。

三、实训操作

出纳张宁对现金账的错误做如下更正：

（1）"现付1"支付差旅费付款凭证金额为3 000元，原始凭证金额为4 000元，为记账凭证中仅金额少计导致的记账错误。

根据错账更正方法"记账后发现记账凭证中的应借应贷的会计科目无误,只是多记金额小于应记金额,可以采用补充登记法予以更正",出纳张宁按少记的金额用蓝字编制一张与原记账凭证应借应贷科目完全相同的记账凭证,以补充少记的金额,并据以记账(见图5-8-1)。

付款凭证

贷方科目:**库存现金**		2019年8月1日		现付字 第 号								
摘要	借方科目	明细科目	金 额								记账	
			十万	万	千	百	十	元	角	分		
支付差旅费	**其他应收款**			1	0	0	0	0	0			附单据 张
合 计			¥	1	0	0	0	0	0			

会计:主管**王薇** 记账: 复核: 出纳:**张宁** 制单:

图5-8-1 付款凭证

(2)"现收1"收回多余差旅费收款凭证金额为364元,原始凭证金额为346元,为记账凭证中只是金额多计导致的记账错误。

根据错账更正方法"记账后发现记账凭证和账簿记录中应借应贷会计科目无误,只是所记录的金额大于应记金额",出纳张宁按多记的金额用红字编制一张与原来记账凭证应借应贷科目完全相同的记账凭证,以冲销多记的金额,并据以记账(见图5-8-2)。

收款凭证(红字)

借方科目:**库存现金**		2019年8月1日		现收字第 号								
摘要	贷方科目	明细科目	金 额								记账	
			十万	万	千	百	十	元	角	分		
收回多余差旅费	**其他应收款**					1	8	0	0			附单据 张
合 计					¥	1	8	0	0			

会计主管:**王薇** 记账:**吕丽** 复核:**沈益** 出纳:**张宁** 制单:**李刚**

图5-8-2 收款凭证(红字)

(3)"现付4"付职工培训费付款凭证金额为860元,原始凭证金额为680元,为记账凭证对,登账错误。

根据错账更正方法"在结账前,如果发现账簿记录有错误,而记账凭证无错误,即纯属登账时文字或数字上的错误,应采用画线更正法更正",于是出纳张宁先在现金日记账中错误的数字或文字上画一条红线,表示注销;然后在画线上方空白处填写正确的数字或文字，并在更正处加盖自己的印章，以明确责任（见图 5-8-3）。

	1	现金 3	应付职工薪酬	付职工子女幼托费		450	
	1	现付 4	应付职工薪酬	付职工培训费		680 ~~860~~	张宁

图 5-8-3　画线更正

更正后的现金日记账，见表 5-8-2。

表 5-8-2　现金日记账

2019任何		凭证号数	对方科目	摘　要	收入（借方）金额	付出（贷方）金额	结存金额
月	日						
7	23			承上面	67 098	65 092	6 374
				略			
				略			
7	31			本月合计	87 250	86 848	4 770
8	1	现付 1	其他应收款	付差旅费		4 000	1 770
	1	银付 1	银行存款	提现备用	5 000		
	1	现收 1	其他应收款	收回多余差旅费	346		
	1	现付 2	管理费用	付业务抬待费		1 450	
	1	现付 3	应付职工薪酬	付职工子女入托费		450	
	1	现付 4	应付职工薪酬	付职工培训费		680 ~~860~~	张宁

项目 6 编制出纳日报表

一、实训目的

（1）了解出纳日报表的格式。
（2）掌握编制出纳日报表的方法。
（3）能结合每日的资金情况正确编制出纳日报表。

二、实训资料

1. 企业有关情况

（1）单位名称：北京凌云股份有限公司（一般纳税人）；纳税人识别号：659068750712345。
（2）法人代表：王国柱；财务主管：王薇。
（3）会计：吕丽；复核：沈益；制单：李刚；出纳：张宁。
（4）单位地址及电话：北京市大兴区林校路98号，010-82676888。
（5）开户行及账号：中国工商银行北京大兴经济开发区支行，29640040270201015。

2. 企业有关经济业务

2019年12月25日，北京凌云股份有限公司"库存现金""银行存款"账户数据明细资料见表6-1-1。

表6-1-1 库存现金、银行存款数据明细资料   单位：元

项目	上日结存	本日收入	本日支出	本日结存
库存现金	4 500	17 800	19 000	3 300
银行存款——中国建设银行	450 000	2 400 000	1 900 000	950 000
银行存款——中国建设银行	1 200 000	467 000	890 000	777 000

要求：出纳张宁编制当天的出纳日报表。

三、实训操作

出纳张宁根据任务资料计算并登记出纳日报表,如图 6-1-1 所示。

出纳日报表

2019 年 12 月 25 日 第 25 页

项目	上日结存	本日共收	本日共付	本日结存
现金	4 500	17 800	19 00	3 300
银行存款	1 650 000	2 867 000	2 790 000	1 727 000
专项存款				

附件:　　　　　计(原始凭证　　张)　　　　证明单　　张)

主管:**王薇**　　　　会计:**吕丽**　　　　复核:**沈益**　　　　出纳:**张宁**

图 6-1-1　出纳日报表

小贴士

> 出纳日报表中,"上日结存"是指报告期前一天结存数,即昨日结存。"本日共收"是账面本日收入的合计数字。"本日共付"是账面本日贷方支出的合计数。"本日结存"是指本日账面结存数合计。本日结存的计算公式为
>
> 本日结存 = 上日结存 + 本日收入 − 本日支出

项目 7 出纳会计档案资料的整理与归档

会计档案是机关、团体、企业事业单位在经济管理活动中产生、经过整理归档保存起来的会计凭证、会计账簿、会计报表、工资表和综合管理等材料。根据财政部、国家档案局制发的《会计档案管理办法》中的有关规定，会计档案归档范围包括预算会计、建设银行会计、企业会计和建设单位会计形成的会计凭证、账簿、会计报表、工资表和综合管理等会计核算专业材料。

一、实训目的

（1）掌握整理和保管会计档案资料业务基本处理技能和程序。
（2）能熟练运用相关业务技能和业务处理程序完成会计档案资料的整理和保管。

二、实训资料

1. 企业有关情况

（1）单位名称：北京凌云股份有限公司（一般纳税人）；纳税人识别号：659068750712345。
（2）法人代表：王国柱；财务主管：王薇。
（3）会计：吕丽；复核：沈益；制单：李刚；出纳：张宁。
（4）单位地址及电话：北京市大兴区林校路98号，010-82676888。
（5）开户行及账号：中国工商银行北京大兴经济开发区支行，29640040027020101015。

2. 企业有关经济业务

2019年6月30日，北京凌云股份有限公司出纳张宁将本月的资料进行整理并妥善保管。

要求：按步骤进行会计资料的整理并妥善保管。

三、实训操作

1. 整理会计凭证

（1）出纳张宁登记完会计凭证后，将记账凭证连同所附的原始凭证或者原始凭证汇总表，按照编号顺序折叠整齐，准备装订。凭证按月、按记账分类和编号顺序进行整理。折叠整齐后，加具凭证封面，装订成卷（每卷厚度不超过2.5厘米）。

（2）出纳张宁将会计实务中收到的原始凭证，按照记账凭证的大小进行折叠或粘贴。对面积大于记账凭证的原始凭证采用折叠的方法，按照记账凭证的面积尺寸，将原始凭证先自右向左，再自下向上两次折叠。折叠时将凭证的左上角或左侧面空出，以便装订后展开查阅。对于纸张面积过小的原始凭证，采用粘贴的方法，即按一定次序和类别将原始凭证粘贴在单据粘贴单上。粘贴时将同类同金额的单据粘贴在一起。粘贴完成后，在单据粘贴单上注明原始凭证的张数和合计金额。对于纸张面积基本相同的记账凭证的原始凭证，用回形针或大头针别在记账凭证后面，待装订凭证时抽去回形针或大头针，或在填制凭证时直接将原始凭证粘贴在记账凭证后面。

（3）出纳张宁将对数量过多的原始凭证，如领料单、发放表等，单独装订保管，并在封面上注明原始凭证的张数、金额，所属记账凭证的日期、编号、种类。封面应一式两份，一份作为原始凭证装订成册的封面，封面上注明"附件"字样；另一份附在记账凭证的后面，同时在记账凭证上注明"附件另订"，以备查考。

2. 装订会计凭证

（1）出纳张宁整理记账凭证，摘掉凭证上的大头针等，并将记账凭证按编号顺序码放。

（2）出纳张宁将记账凭证汇总表、银行存款余额调节表放在最前面，并放上封面、封底。会计凭证封面如图7-1-1所示。

时间	2019年6月
册数	本年共　　　册　　　本册是第　1　册
张数	本册自第　1　号至第　50　号　共计　50　张
附记	

（2019年6月装订）　　　会计主管：王薇　　　装订者：

图7-1-1　会计凭证封面

（3）出纳张宁在码放整齐的记账凭证左上角放一张8厘米×8厘米大小的包角纸。包角纸要厚一点，其左边和上边与记账凭证取齐。

（4）在包角纸上沿距左边 5 厘米处和左沿距上边 4 厘米处画一条直线。将此直线等分，再分别在等分直线的两点处将包角纸和记账凭证打两个装订孔。

（5）用绳穿过装订孔，在背面扎紧。

（6）将装订线印章盖于骑缝处，并注明年、月、日和册数的编号。

3.将会计档案装盒

（1）出纳张宁将凭证用凭证盒装装好，每盒装一卷。凭证盒背脊设置全宗号、案卷号、保管期限等项目，均用阿拉伯数字填写。

（2）出纳张宁将会计账簿按照账簿种类整理立卷。

①订本账，在原装订本正面贴上会计账簿封面，如图 7-1-2 所示。

图 7-1-2　会计账簿封面

②活页或卡片账页先去掉空白页，并依次编定页号，再装订并贴上会计账簿封面。

③账页较少，先将保管期限相同的几种账簿依次排列，并统编页号，再用卷内目录写明每种账的名称、页号，最后装订并贴上"会计账簿封面"。

④封面设置单位名称、题名、保管期限、年度、案卷号。单位名称填写全称或规范简称；题名按组卷不同，分别填写现金出纳账、银行存款账、总账、明细账、日记账；保管期限填写 30 年。年度和案卷号均填写阿拉伯数字。

（3）出纳张宁对财务报告应分不同保管期限，分别立卷。

首先，按文书立卷的方法填写卷内目录，写明每种财务报告的名称、页号，并按要求填写备考表。

其次，按卷内目录—卷内文件—备考表的顺序进行装订。

最后，加制财务报告封面，如图 7-1-3 所示。封面设置单位名称、题名、保管期限、年度、案卷号、件数、页数等项目。

单位名称填写全称或规范简称，题名填写财务决算或会计月、季报表，保管期限填写永久，年度、案卷号、件数、页数均用阿拉伯数字填写。

项目 7　出纳会计档案资料的整理与归档

财务报告封面

单位名称：　北京凌云股份有限公司

题　　名：　财务报告

保管期限：　永　久

年度：　2019　案卷号：　25　页

图 7-1-3　财务报告封面

（4）账簿、财务报告、其他类用会计档案盒装，每盒装一卷。档案盒正面第一栏空白处填写单位名称。正面、背脊均设置全宗号、目录号、类别、年度、案卷号、保管期限。

①全宗号、目录号采用阿拉伯数字填写。

②"类别"栏分别填写"账簿""财务报告""其他类"，背脊处的书写位置较窄，写小点，要与"类别"二字一样横写，不能竖排。

③年度、案卷号、保管期限与各自封面填在会计档案盒正面。填写实例如图 7-1-4、图 7-1-5 所示。

北京凌云股份有限公司

全 宗 号：　0012

目 录 号：　6

类　　别：　财务报告

年　　度：　2019

案 卷 号：　35

保管期限：　永久

图 7-1-4　会计档案盒正面

123

图 7-1-5　档案盒背脊

4. 对会计档案进行编号、编目

出纳张宁将公司的会计档案分三个部分排列，编三个通号。永久的财务报告、会计凭证，公司位多年编通号。保管期限30年的会计账簿、保管期限10年的报表，合并排列，并从"1"开始多年编通号。每一部分编制一本案卷目录，给定一个目录号（一本目录内的案卷号最多不超过三位数，凡超过三位数，重新从1开始编）。

出纳张宁对排列就绪的每一部分销案，依次编定案卷号。永久保管的案卷编制一式三份案卷目录，定期保管的案卷编制一式两份案卷目录，见表7-1-1。

表 7-1-1　会计档案案卷目录（凭证）

年度	案卷号	案卷标题	张数	保管期限	会计经办人	备注
2001	1	1月份会计凭证（1~5号）	100	30	陈××	
…						
2019	100	1月份会计凭证（7~12号）	80	30	李××	

项目 7 出纳会计档案资料的整理与归档

保管会计档案

装订成册的会计凭证按年份月顺序排列,并指定专人保管,但出纳不得兼管会计档案。年度终了,可暂由财会部门保管一年,期满后编造清册移交本单位的档案部门保管。

查阅会计凭证应办理查阅手续,经本单位有关领导批准。调阅时,应填写会计档案调阅表,详细填写调阅会计凭证的名称、调阅日期、调阅人姓名、调阅理由、调阅批准人。原始凭证不得外借,其他单位如因特殊原因需要使用原始凭证,经本单位会计机构负责人、会计主管人员批准,可以复制,避免抽出原凭证。向外单位提供的原始凭证复印件应当专设登记簿登记,说明所复制的会计凭证名称、张数,并由提供人员和收取人员共同签名或者盖章。

会计档案保管期限一览表见表 7-1-2。

表 7-1-2 会计档案保管期限一览表

序号	档案名称	保管期限	备注
	一、会计凭证类		
1	原始凭证	30 年	
2	记账凭证	30 年	
3	汇总凭证	30 年	
	二、会计账簿类		
4	总账	30 年	
5	明细账	30 年	
6	档案名称	保管期限	
7	固定资产卡片		固定资产报废清理后 5 年
8	辅助账簿	30 年	
	三、财务报告类 包括各级主管部门		
9	月、季度财务报告	10 年	包括文字分析
10	年度财务报告(决算)	永久	包括文字分析
	四、其他类		
11	会计移交清册	30 年	
12	会计档案保管清册	永久	
13	会计档案销毁清册	永久	
14	银行余额调节表	10 年	
15	银行对账单	10 年	

知识链接

会计档案的鉴定

　　档案部门应及时会同财务部门，根据会计档案保管期限的规定和会计档案的实际价值，对保管期满的会计档案的保管期限进行重新鉴定。鉴定会计档案采取直接鉴定法，即逐卷（册）、逐件、逐页鉴定。对保管期满应予销毁的会计档案，由档案部门和财务部门进行终审鉴定，提出鉴定销毁意见，双方都认为确无保存价值的，才能做出销毁结论；认定意见不一致时，应当暂缓销毁。

　　对于其中尚未了结的债权债务，以及对历史遗留问题有重要参考价值的原始凭证，如工资花名册，干部、职工离（退）休、退职方面的有关凭据，涉及土地征用、房屋维修、固定资产等的财产买卖单据，涉外事务和对私改造的凭证，罚没赃款、赃物，产权赔偿和重大经济案的原始凭证，均应抽出，另行立卷，由档案部门保管到确无继续保存必要时，再予以销毁。

　　对于单位因撤销、解散、破产或者其他原因而终止，在终止和办理注销登记手续之前形成的会计档案的管理：全民所有制单位，由终止单位在按规范整理后交同级档案馆管理；其他单位，交业务主管部门或财产所有者代管；无业务主管部门或业务主管部门、财产所有者不代管的，交有关档案馆代管。

项目 8 企业税务登记与发票领购业务办理

实训1 税务登记证的办理、使用及管理

一、实训目的

（1）熟悉税务登记证办理的相关事宜。
（2）能够进行税务登记证的变更，掌握税务登记证变更业务流程。
（3）熟悉企业税款缴纳的相关事宜。
（4）熟悉发票领购的相关事宜。

二、实训资料

2019年2月10日，唐山市黎明股份有限公司经唐山市工商行政管理部门批准，取得企业法人营业执照，执照字号为440812001183；法人代表为王晓红，其身份证号码为440824197510113912；组织机构代码为47587374143，注册地址为唐山市光明路5号三层，生产经营地址为唐山市光明路5号三层，邮政编码为360004；生产经营范围为生产、商贸；开户银行为中国工商银行唐山分行，账号为6212260200055667788；生产经营期限为2019年2月10日至2027年1月31日；从业人数为30人；经营方式为批发、代理销售；登记注册类型为私营股份有限公司；纳税人识别号为370867816237898；行业为工商业；财务负责人为周明，办税人员为张虹。注册资本为50万元，共三人投资。其中，王晓红，投资金额为20万元，占投资总金额的40%，分配比例为40%；王辉，投资金额为15万元，占投资总金额的30%，分配比例为30%；李宏宾，投资金额为15万元，占投资总金额的30%，分配比例为30%。

要求：张虹在30天内去税务机关办理该公司的开业税务登记。开业税务登记流程如图8-1-1所示。

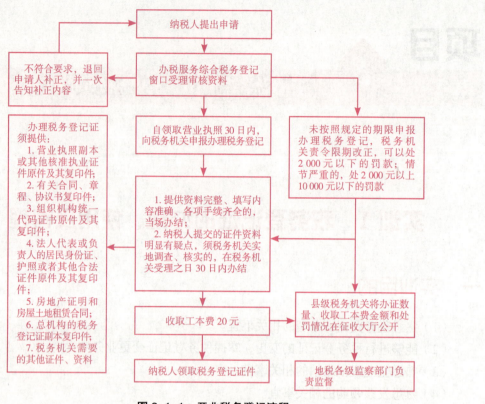

图 8-1-1 开业税务登记流程

知识链接

（1）办理税务登记的时间。从事生产、经营的纳税人应当自领取营业执照之日起 30 日内，依法向生产经营地或纳税义务发生地的主管税务机关申报办理税务登记；按照规定不需要领取营业执照的纳税人，应当自有关部门批准之日起 30 日内或者自发生纳税义务之日起 30 日内，主动依法向主管税务机关申报办理税务登记。

（2）办理税务登记的地点。县以上（含本级）国家税务总局（分局）、地方税务局（分局）是税务登记的主管税务机关，负责税务登记的设立登记、变更登记、注销登记和税务登记证验证、换证以及非正常户处理、报验登记等有关事项。国家税务总局（分局）、地方税务局（分局）按照国务院规定的税收征收管理范围，实施属地管理，采取联合登记或分别登记的方式办理税务登记。有条件的城市，国家税务总局（分局）、地方税务局（分局）可以按照"各区分散受理、全市集中处理"的原则办理税务登记。国家税务总局（分局）、地方税务局（分局）联合办理税务登记的，应当对同一纳税人核发同一份加盖国家税务总局（分局）、地方税务局（分局）印章的税务登记证。税务机关对纳税人税务登记地点

项目8 企业税务登记与发票领购业务办理

发生争议的,由其共同的上级税务机关指定管辖。国家税务总局(分局)、地方税务总局(分局)之间对纳税人税务登记的主管税务机关发生争议的,由其上一级国家税务总局、地方税务局共同协商解决。《中华人民共和国税收征收管理法》规定,纳税人在办理工商登记的1个月内,应当办理税务登记,逾期不办理的,税务机关责令限期改正,可以处2 000元以下的罚款;情节严重的,处2 000元以上10 000元以下的罚款。

 小贴士

办理税务登记应提供的材料

纳税人在申报办理税务登记时,应当根据不同情况向税务机关如实提供以下证件和资料:

(1)工商营业执照或其他核准执业证件原件及复印件。

(2)注册地址及生产、经营地址证明(产权证、租赁协议)原件及其复印件。如为自有房产,须提供产权证或买卖契约等合法的产权证明原件及其复印件;如为租赁的场所,须提供租赁协议原件及其复印件,出租人为自然人的还须提供产权证明的复印件;如生产、经营地址与注册地址不一致,分别提供相应证明。

(3)验资报告或评估报告原件及其复印件。

(4)组织机构统一代码证书副本原件及其复印件。

(5)有关合同、章程、协议书复印件。

(6)法人代表(负责人)居民身份证、护照或其他能证明身份的合法证件原件及其复印件。

(7)纳税人跨县(市)设立的分支机构办理税务登记时,还须提供总机构的税务登记证(国、地税)副本复印件。

(8)改组改制企业还须提供有关改组改制的批文原件及其复印件。

(9)房屋产权证、土地使用证、机动车行驶证等证件的复印件。

(10)汽油、柴油消费税纳税人还需提供:①企业基本情况表;②生产装置及工艺路线的简要说明;③企业生产的所有油品名称、产品标准及用途。

(11)外商投资企业还须提供商务部门批复设立证书原件及其复印件。

三、实训操作

具体步骤如下:

(1)2月15日,唐山市黎明股份有限公司出纳张虹持工商部门发放的公司设立登记核准通知书向税务机关提出办理税务登记的申请,并领取税务登记表和其他有关资料。

（2）出纳张虹按规定内容逐项如实填写税务登记表，加盖企业印章并经法人代表签字，同时准备其他有关资料，并于3月10日报送给税务机关。纳税人在办理税务登记时，应根据不同情况相应报送上述证件、资料。税务登记表见表8-1-1。

表 8-1-1　税务登记表

（适用单位纳税人）

填表日期：2019 年 2 月 16 日

纳税人名称	唐山市黎明股份有限公司		纳税人识别号		370867816237898		
登记注册类型	私营股份有限公司		批准设立机关		唐山市工商行政管理部门		
组织机构代码	47587374143		批准设立证明或文件号				
开（设立）日期	2019 年 2 月 10 日	生产经营期限	2019 年 2 月 10 日至 2027 年 1 月 31 日	证照名称	营业执照	证照号码	440812001183
注册地址	唐山市光明路 5 号三层		邮政编码		360004	联系电话	0315-89782560
生产经营地址	唐山市光明咱 5 号三层		邮政编码		360004	联系电话	0315-89782560
核算方式	请选择对应项目打"√" □独立核算　　□非独立 核算			从业人数		＿＿＿＿其中外籍人数＿＿＿＿	
单位性质	请选择对应项目打"√" □企业　□事业单位　□社会团体　□民办非企业单位　□其他						
网站网址				国标行业	□□　□□　□□　□□		
适用会计制度	请选择对应项目打"√" □企业会计制度　□小企业会计制度　□金融企业会计制度　□行政事业单位会计制度						
经营范围	生产、商贸		请将法人代表（负责人）身份证复印件粘贴在此处				
内容＼项目 联系人	姓名	身份证件		固定电话	移动电话	电子邮箱	
		种类	号码				
法人代表（负责人）	王晓红	身份证	440824197510113912	0315-89782560	15983726354	wangxiaohong@hotmail.com	
财务负责人	周明	身份证	382828198303124409	0315-89782560	13023456784	zhouming@hotmiail.com	
办税人	张虹	身份证	130202199308082241	0315-89782520	13654754897	zhanghong@hotmail.com	
税务代理人名称		纳税人识别号		联系电话		电子邮箱	
注册资本或投资总额	币种	金额		币种	金额	币种	金额
500 000 元	人民币	500 000 元					
投资方名称	投资方经济性质	投资比例		证件种类	证件号码	国籍或地址	

续表

王晓红		40%			
王　辉		30%			
李宏宾		30%			
自然投资比例		外资投资比例		国有投资比例	
分支机构名称		注册地址		纳税人识别号	
总机构名称			纳税人识别号		
法人代表姓名		联系电话		注册地址邮政编码	
代扣代缴、代收代缴税款业务情况	代扣代缴、代收代缴税款业务内容			代扣代缴、代收代缴税收	

附报资料：

经办人签章：	法人代表（负责人）签章：	纳税人公章：
张虹印	王晓红印	唐山市黎明股份有限公司 123456789
2019 年 2 月 16 日	2019 年 2 月 16 日	2019 年 2 月 16 日

以下由税务机关填写：

纳税人所处街乡		隶属关系	
国税主管税务局	国税主管税务所（科）	是否属于国税、地税共管户	
地税主管税务局	地税主管税务所（科）		

经办人（签章）： 国税经办人：_____ 地税经办人：_____ 受理日期： _____年____月____日	国家税务登记机关 （税务登记专用章）： 批准日期： _____年____月____日 国税主管税务机关：	地方税务登记机关 （税务登记专用章）： 批准日期： _____年____月____日 地税主管税务机关：
国税核发税务登记证副本数量：	本	发证日期：____年____月____日
地税核发税务登记证副本数量：	本	发证日期：____年____月____日

（3）税务机关对纳税人报送的税务登记表及有关证件资料应当自收到之日起10日内审核完毕。符合规定的，即进行税务登记，并发给税务登记证或注册税务登记证。

（4）税务机关按有关规定收取费用，张虹缴纳工本管理费。

📖 知识链接

税务登记证的变更

纳税人税务登记内容发生变化时，如改变名称、法人代表或者业主姓名、登记注册类型、生产经营地址（指不涉及改变主管国家税务机关）、生产经营范围、经营方式、开户银行及账号等内容时，纳税人应当自工商行政管理机关变更登记之日起30日内，持有关证件向原税务登记机关申报办理变更税务登记。按照规定不需要在工商行政管理机关办理变更登记的，或者其变更登记的内容与工商登记内容无关的，应当自税务登记内容实际发生变化之日起30日内，或者自有关机关批准或者宣布变更之日起30日内，向原税务登记机关申报办理变更登记。

变更税务登记的流程如下：

（1）纳税人到主管税务机关申请办理变更税务登记，领取税务登记变更表。

（2）按照表中内容逐项如实填写，加盖企业或业主印章后，于领取税务登记变更表之日起10日内报送主管税务机关。

（3）纳税人将填写好的税务登记变更表送交主管税务机关，同时提交办理税务变更登记的其他资料。

（4）主管税务机关对纳税人提供的证件、证明、资料和税务登记变更表进行审核，由登记受理处负责终审。

（5）税务登记机关审核后，符合规定的，在规定期限内向纳税人重新核发税务登记证件并收回原税务登记证件，收取工本管理费。

实训2　发票的领购、保管及缴销

一、实训目的

（1）熟悉发票领购的相关事宜。

（2）熟悉税务登记证的办理、使用及管理程序。

（3）熟悉发票的领购、保管及缴销程序。

项目 8　企业税务登记与发票领购业务办理

二、实训资料

唐山市黎明股份有限公司 2019 年 2 月 1 日取得企业法人营业执照，纳税人识别号为 370867816237898，企业编码为 6748393，于 2019 年 5 月 8 日申请领购增值税专用发票 1 本。

购买增值税专用发票工作过程与岗位对照见表 8-2-1。

表 8-2-1　购买增值税专用发票工作过程与岗位对照表

	步骤	主要工作过程描述	岗位	控制点
1	准备购票资料	购买增值税专用发票须打印发票清单，计算金额税额，统计发票，准备 IC 卡和购票本	开票会计	数据计准确
2	购买发票	到税务局验票，填写购票凭证购买发票	税务会计	购买发票与购票本的发票号相一致
3	导入发票	收到发票后检查发票，要与购票本和 IC 卡一致，并将 IC 卡信息导入电脑	开票会计	

知识链接

纳税人首次领购发票前，须持以下资料：
（1）税务登记证（副本）。
（2）购票人身份证明原件和复印件。
（3）财务专用章或发票专用章印模。
（4）填报的纳税人领购发票票种核定申请表。

小贴士

发票是市场交易中一个不可或缺的载体，反映企业、公民等市场主体间交易的主要内容，是企业、个体工商户等记账的依据，也是国家税收的重要依据。发票在企业中一般由出纳开具，因此出纳应该熟练掌握发票相关业务。

要求：根据资料提供的信息进行具体操作。

三、实训操作

具体步骤如下：

（1）唐山市黎明股份有限公司出纳张虹领购发票，必须先提出购票申请，填写领取增值税专用发票领购簿申请书（见图 8–2–1）。

唐山市　　税务局　　　　　　　　　　企业编码：6 7 4 8 3 9 3

我单位已于 2019 年 2 月 1 日被认定为增值税一般纳税人。纳税人识别号：

3 7 0 8 6 7 8 1 6 2 3 7 8 9 8

现申请购买增值税专用发票。

发票名称	发票代码	联次	每次领购量大数量
增值税专用发票		3	1 本 / 份
			本 / 份
			本 / 份

为做好专用发票的领购工作，我单位特指定张虹（身份证号：130202199308082221）和张美（身份证号：130201198709082423）两位同志为购票员。我单位将建立健全专用发票管理制度，严格遵守有关专用发票领购、使用、保管的法律和法规。

法人代表（负责人）（签章）。　红王印晓

　　　　　　　　　　　　　　　　　　唐山市黎明股份有限公司
　　　　　　　　　　　　　　　　　　申请单位（签章）
　　　　　　　　　　　　　　　　　　2019 年 5 月 8 日
　　　　　　　　　　　　　　　　　　123456789

主管税务机关审核意见：

（公章）

年　　月　　日

图 8–2–1　领取增值税专用发票领购簿申请书

（2）出纳张虹将经办人身份证明、税务登记证件、增值税一般纳税人资格证书或其他有关证明以及财务印章或发票专用章的印模提交给主管税务机关，经主管税务机关审核发给增值税专用发票领购簿之后，凭发票领购簿核准的发票种类、数量以及购票方式，向主管税务机关领购发票。

（3）出纳张虹收到发票后检查发票。发票与购票本和 IC 卡相一致，于是其将 IC 卡信息导入电脑。

项目 9 出纳岗位综合业务实训

一、实训目的

（1）综合了解出纳岗位所涉及的经济业务，分析经济业务内容，并审核或填制原始凭证。

（2）会独立审核、填制涉及库存现金、银行存款和其他货币资金等业务的各种原始凭证。

（3）能根据原始凭证编制记账凭证。

（4）能根据收、付款凭证登记现金、银行存款日记账。

（5）会独立填制出纳岗位的各种票据及办理现金和银行票据业务。

（6）能根据经济业务登记相关备查账簿，熟练编制银行存款余额调节表。

二、实训资料

1. 企业有关情况

（1）单位名称：北京富源股份有限公司（一般纳税人）；纳税人识别号：783659642812345。

（2）法人代表：李富源；财务主管：张兰。

（3）会计：李文；复核：孙新；制单：王军；出纳：王晓丽。

（4）单位地址及电话：北京市海淀区西小口路359号，010-83120572。

（5）开户行及账号：中国工商银行北京东升路支行，6212260293576000028。

2. 企业有关经济业务

业务1：签发现金支票提现。

2019年7月2日，出纳员签发现金支票一张，到银行提取现金5 000元，作为差旅费备用金。

业务2：申请办理银行汇票。

7月3日，业务科张杰持经领导批准的采购资金借款单（见图9-1-1）到财务科委托出纳王晓丽办理银行汇票50 000元，准备去杭州采购一批物资。

北京富源股份有限公司采购资金借款单

借款部门：**业务科**　　　　　　　　　　　　　　　　　　　　　　　　　　　　　　*2019 年 7 月 3 日*

物资名称及型号规格	单位	单价	数量	金额	供应单位
2# 白色纯棉布	**匹**	**500.00**	**100**	**50 000.00**	全称：**杭州西子棉纺厂** 账号：**6228436589123897643** 开户银行：**农业银行西湖支行**
请款数	（大写）**人民币伍万元整**			￥**50 000.00**	付款方式
实付数	（大写）**人民币伍万元整**			￥**50 000.00**	**汇票**、电汇、信汇、

公司负责人：**李富源**　　　　　借款人：**张杰**　　　　　出纳：**王晓丽**　　　　　审核：

图 9-1-1　采购资金借款单

业务 3：员工出差借款。

7 月 4 日，设计科刘明到上海开会，预借差旅费 3 000 元，持经领导批准的借款申请单（见图 9-1-2）到财务科预借差旅费，出纳王晓丽以现金支付。

借款申请单

2019 年 7 月 4 日

借款单位	**设计科刘明**		
借款理由	**出差预借差旅费**		
借款金额人民币（大写）**叁仟元整**			￥**3 000.00**
还款计划	**2019 年 7 月 11 日**		
领导批准	**李富源**	借款人签字（盖章）	**刘明**

会计主管审核：**张兰**　　　　　　　出纳：**王晓丽**　　　　　　　付款方式：**现金**

图 9-1-2　借款申请单

业务 4：收到进账单。

7 月 5 日，从银行取得进账单收账通知联，是博雅公司转来的上月购进材料款共计 35 000 元。

业务 5：办理异地托收货款。

7 月 5 日，向外地慧达公司销售车床，开具的增值税价款 200 000 元，税款 34 000 元。双方约定采用托收承付结算方式，由慧达公司验货付款。业务科发货（由慧达公司安排和结算的货运方负责承运），出纳王晓丽到银行办理异地托收货款手续。

业务 6：购买支票。

7 月 6 日，出纳王晓丽在银行办理上述业务的同时，购领转账支票一本。开户银行受理审核无误后，收取工本费 10 元、手续费 25 元，同时在领用空白凭证收费单上盖章。

业务 7：支票保管。

持上述从开户银行购买的现金支票返回单位后的工作。

业务 8：报销差旅费。

7月10日，设计科刘明从北京出差回来，填制出差费用报销单并经领导签字后到财务科报销差旅费2 914元，退回借款余款86元。

（说明：公司规定出差期间每人每天补助120元。）

业务 9：取得借款。

7月11日，从银行取得短期借款500 000元，利率为6%。借款已入企业账户，取得银行借款凭证入账通知。

业务 10：支付水费。

7月12日取得自来水总公司自来水费发票，签发转账支票支付本月水费7 101元。

业务 11：托收货款收回。

7月13日，接到开户银行电话通知，5日向外地慧达公司销售的车床托收款已到账，请到银行领取托收凭证（收账通知）联（见图9-1-3）。

托收 凭证（收账通知）1			托收号码：62589										
委托日期：*2019*年*7*月*5*日													
付票人	全 称	慧达公司	收款人	全 称	北京富源股份有限公司								
	账 号	6229083858679336532		账 号	6212260293576000028								
	开户银行	兴业银行兴城支行		开户银行	中国工商银行北京东升路支行								
金额	人民币（大写）	贰拾叁万肆仟元整			千	百	十	万	千	百	十	元	角	分
							2	3	4	0	0	0	0	0
附件		商品发货情况											
附寄单证张数或册数	2	自行负担运输	购销 05029		2019.07.05 转讫								
备注：		款项收妥日期 年 月 日			收款人开户银行盖章 月 日								

图9-1-3 托收凭证（收账通知）

业务 12：支付货款。

7月15日，从银行取得新华有限责任公司信汇凭证一张，金额为4 000元，支付前欠货款。

业务 13：收到货款。

7月17日，从银行取得进账单一张，金额为88 000元，是上月销售给丽源有限责任公司一批电动角磨机的货款。

业务14：订阅报刊。

7月22日，经理办公室主任王维亚持报刊费收据报销下半年订报费用885元，出纳王晓丽发转账支票支付。（开户银行：工商银行北京邮电大学支局；账号：6228165734845236。）

业务15：购买劳保用品。

7月23日，从山西星星食品有限公司购进职工夏季防暑降温劳保用品，共计24 200元，以转账支票付款（采用"倒送支票"方式结算货款）。（山西星星食品有限公司账号：6228165734590924215；开户银行：工商银行太原并州路支行。）

业务16：报销培训费。

7月24日，会计魏东宇外出学习归来，持领导签字报销培训费1 800元，以现金支付。

业务17：发放工资。

7月25日，签发支票发放工资110 000元。

业务18：支付劳务费。

7月25日，厂部报送外聘人员牛小燕个人劳务费发放表，金额为4 500元，以现金支付。

业务19：提现。

7月25日，签发现金支票一张，到银行提取现金5 000元备用金。

业务20：支票作废。

7月25日，办公室主任王维亚持已签发支付报刊费885元的转账支票（业务15）到银行兑换现金，由于所盖印鉴不清晰，银行拒绝划款。

业务21：销售废品取得收入。

7月26日，生产车间清理废旧物品，将不能继续使用的各类废品卖给回收站，王媛将现金950元交回财务部。

业务22：存现。

7月27日，出纳王晓丽将废品收入950元存入银行。

业务23：盘点现金。

7月29日，出纳王晓丽在财务主管的参与下，采用实地盘点法对库存现金进行盘点。盘点结果为100元35张、50元10张、10元2张、5元1张，共计金额4 025元。现金日记账账面显示为4 026.21元。

业务24：利息收入。

7月30日，出纳员自银行取得中国工商银行已入账利息传票（见图9-1-4），为银行划入的本季度存款利息收入，共计4 793.96元。

项目 9　出纳岗位综合业务实训

存款利息清单（自动）

机构号：351158　　　　　　　日期：2019 年 7 月 30 日　　　　　　交易码：

账号：　　　　　6212226293576000028　　　账户名称：北京富源股份有限公司

（中国工商银行 北京东升路支行 2019.07.30 业务受理章）

账户类型：　　　　　　单位活期存款（本币）　　　　　　　　　币种：人民币

利息金额（大写）：人民币肆仟柒佰玖拾叁元玖角陆分　　　　（小写）CNY：4 793.96

利息	起息日	止息日	利率
4 793.96	2019 年 7 月 1 日	2019 年 7 月 30 日	0.3500

入账账号 6212260229356000028　　　　　　账户名称：北京富源股份有限公司

图 9-1-4　存款利息清单

业务 25：银行存款余额调节表。

7 月 31 日，收到开户银行基本户的银行对账单，逐笔核对后编制银行存款余额调节表。

三、实训操作

1. 根据业务 1 出纳员按下列步骤完成工作

（1）出纳王晓丽在支票使用簿内登记相关内容（见图 9-1-5），填写现金支票正面（见图 9-1-6）、反面（见图 9-1-7）有关内容，交会计主管和董事长分别加盖财务专用章和法人印章，预留银行印鉴（正反面均加盖）。

支票（现金、转账）使用登记簿

部门	支票号码	领用人	领用日期	用途	对方单位	金额
财务部	1050372007366356	王晓丽	2019 年 7 月 2 日	差旅备用金	/	￥5 000.00

图 9-1-5　支票使用登记簿

139

图 9-1-6 现金支票（正面）

图 9-1-7 现金支票（反面）

（2）使用密码器操作，生成支付密码，并将支付密码填入现金支票密码区域（假设支付密码器生成的支付密码为874357682）。

（3）审核无误后将现金支票沿虚线裁开，留存存根联，持其正联到开户银行提取现金。

（4）从银行提回现金放入保险柜，在审核无误的现金支票存根上加盖"银行付讫"印章。

（5）根据现金支票存根编制银行付款凭证（附件1张：现金支票存根）。

（6）根据银行付款凭证登记现金、银行存款日记账。

2. 根据业务2出纳员按下列步骤完成工作

（1）审核采购资金借款单（见图9-1-1）。

（2）填制银行汇票申请书（见图9-1-2，一式三联），到银行办理银行汇票，并取回加盖银行印章的银行汇票委托书存根第 1 联（见图 9-1-8）及银行汇票第 2 联（见图 9-1-9）和第 3 联（见图 9-1-10）。

银行汇票申请书　（存根）

申请日期 *2019* 年 *7* 月 *3* 日

申请人	北京富源股份有限公司	收款人	杭州西子棉纺厂									
账号或地址	6212260293576000028	账号或地址	6228436589123897643									
用途	采购物资	代理付款行	农业银行西湖支行									
汇票金额	人民币（大写）伍万元整			千	百	十	万	千	百	十	元	角	分
							¥	5	0	0	0	0	0	0
备注：		科　目										
		对方科目										
		财务主管：张兰	复核：孙新	经办：王晓丽								

图 9-1-8　银行汇票申请书（存根）

工商银行汇票委托书

银行汇票 2　　　　　0048988
第　号

付款期限				代理付款行：工商银行北京东升路支行
出票日期（大写）	贰零壹玖年柒月零叁日			行　号：6212260293576000028
收款人	杭州西子棉纺厂			账号：6228436589123897643
出票金额	人民币（大写）伍万元整			
实际结算金额	人民币（大写）伍万元整	千 百 十 万 千 百 十 元 角 分 ¥ 5 0 0 0 0 0 0		

申请人：北京富源股份有限公司
行　号：6212260293576000028
出票行：工商银行北京东升路支行
备　注：购材料款
凭票付款
出票行签章

中国工商银行
北京东升路支行
2019.07.03
会计业务章
复核：孙新　记账：王晓丽

图 9-1-9　银行汇票委托书（第二联）

141

图 9-1-10 银行汇票（解讫通知）第三联

（3）在审核无误的汇票委托书存根第一联和采购资金借款单上加盖"银行付讫"印章。

（4）将银行汇票第二联和第三联交业务科张杰。

（5）根据汇票委托书存根第一联和采购资金借款单编制银行付款凭证（附件2张：汇票委托书存根第一联、采购资金借款单）。

（6）根据银行付款凭证登记银行存款日记账。

小贴士

银行汇票由银行签发和解付，只能由参加"全国联合行往来"的银行机构办理。工作中在交付经办人时应告知付款期限为1个月。

3. 根据业务3 出纳员按下列步骤完成工作

（1）审核借款单（见图9-1-2）。

（2）审核无误后从保险柜中取出现金3 000元，点数复核后交付刘明。

（3）在借款单相应位置签字并加盖"现金付讫"印章。

（4）根据借款单编制现金付款凭证（附件 1 张：借款单）。

（5）根据现金付款凭证及时登记现金日记账。

4. 根据业务 4 出纳员按下列步骤完成工作

（1）在银行窗口接到传递的进账单收账通知第三联（见图 9-1-11），当面审核。

中国工商银行进 账 单（收账通知） 3

2019 年 7 月 5 日

出票人	全称	北京富源股份有限公司	收款人	全称	博雅公司	此联是开户银行给收款人的收账通知
	账号	6212260293576000028		账号	6212260200005632786	
	开户银行	工商银行北京东升路支行		开户银行	工商银行太原城北支行	
金额	人民币（大写）	叁万伍仟元整			￥ 3 5 0 0 0 0 0 (千百十万千百十元角分)	
	票据种类	支票	票据张数	1	开户银行签章	
	票据号码	05400945				
复核：孙新			记账：			

图 9-1-11　进账单（收账通知）

（2）将审核无误的进账单拿回单位，在收账通知第三联上加盖"银行收讫"印章。

（3）根据进账单收账通知第三联编制银行收款凭证（附件 1 张：进账单收账通知第三联）。

（4）根据银行收款凭证登记银行存款日记账。

小贴士

进账单收账通知第三联上的款项是付款方通过银行转账的款项，意味着该款项已入企业银行存款户。

5. 根据业务 5 出纳员按下列步骤完成工作

（1）核业务员转来的销货发票（见图 9-1-12）和购销合同（购销 16045 号合同书）。

北京市增值税专用发票　　No 00034689

记 账 联

开票日期：2019 年 7 月 5 日

购货单位	名　称	慧达公司			密码区		
	纳税人识别号	398673256318812					
	地址、电话	兴城市新丰路 12 号，0429-5635278					
	开户行及账号	兴业银行兴城支行，6229083858679365 32					

货物或应税劳务名称	规格型号	单位	数量	单价	金额	税率	税额
车床		套	10	20 000	200 000.00	17%	34 000.00
合　计					¥ 200 000.00		¥ 34 000.00

价税合计（大写）	贰拾叁万肆仟元整	（小写）¥ 234 000.00

销货单位	名　称	北京富源股份有限公司	备注
	纳税人识别号	783659642812445	
	地址、电话	北京市海淀区西小口路 359 号，010-83120572	
	开户行及账号	中国工商银行北京东升路支行，6212260293576000028	

收款人：　　　　复核人：　　　　开票人：　　　　销货单位（章）：

第三联：记账联　销货方记账凭证

图 9-1-12　销售发票

（2）审核无误后，持销货发票的发票联、抵扣联和购销合同前往开户银行，填制异地托收结算凭证（见图 9-1-13），办理托收手续。

托收凭证　托收号码：62589

委托日期：2019 年 7 月 5 日

付款人	全　称	慧达公司	收款人	全　称	北京富源股份有限公司
	账　号	6229083858679365 32		账　号	6212260293576000028
	开户银行	兴业银行兴城支行		开户银行	中国工商银行北京东升路支行

金额	人民币（大写）	贰拾叁万肆仟元整	千	百	十	百	千	百	十	元	角	分
					￥	2	3	4	0	0	0	0	0

附件		商品发货情况	账号码
附寄单证张数或册数	2	自行负担运输	2019.07.05 购销050-9 转讫

备注		款项收妥日期	
		年　月　日	收款人开户银行盖章　　月　日

图 9-1-13　托收凭证

（3）将银行盖章的托收结算凭证回单联妥善保管。

（4）将增值税专用发票记账联交会计编制转账凭证（附件1张：增值税专用发票记账联）。

（5）填制托收承付、委托收款登记簿（见图9-1-14）。

托收承付、委托收款登记簿

2019年7月5日

购货单位	发货日期	发票号码	运费单号	发出商品及材料		托收承付、委托收款记录					收款记录					
											已收			拒付		
				名称	数量	实际成本	委托日期	凭证号码	货款金额	运费金额	小计	日期	货款金额	运费金额	日期	金额	理由
慧达公司	7月5日	00034689		车床	10	20 000.00	7月5日	836754	234 000.00		234 000.00	7月13日	234 000.00				

图9-1-14　托收承付、委托收款登记簿

（6）将银行盖章的托收承付结算凭证回单联夹入托收承付、委托收款登记簿中单独保管，以便日后货款收回核对。

（说明：该笔业务由出纳到银行办理有关托收货款手续，编制记账凭证由会计完成）。

小贴士

托收凭证是银行统一印制的格式化票据，是银行与托收单位之间办理业务时的凭证，办理该业务银行会收取一定比例的手续费。

6. 根据业务6出纳员按下列步骤完成工作

（1）到银行柜台领取空白凭证领用单（见图9-1-15，一式三联）。

工商银行（北京东升路行）空白凭证领用单

单位名称

2019年7月6日　　　页　号

票据名称	领用凭证号码		单位	数量	单价	金　　　　　　额							
	起号	止号				十	万	千	百	十	元	角	分
									1	0	0	0	
转账支票			本	1									
									1	0	0	0	

（加盖：中国工商银行北京东升路支行 印章）

图 9-1-15　空白凭证领用单

（2）填制空白凭证领用单（转账支票每本 10 元），将填制完成的凭单递入银行窗口审核。

（3）银行审核出纳填制完成的空白凭证领用单凭单后，加盖业务受理章退回第二联，同时传递手续费付款通知书（见图 9-1-16）。

工商银行（北京东升路支行）付款通知书

日期 2019 年 7 月 6 日

编号 1230　　　　　　　　　　　　　　　交易代码 06512-002

单位名称	北京富源股份有限公司
银行账号	6212260293576000028
收费类型 1—转账　　10.00　　手续费　　25.00	
	金额合计　　CNY35.00
合计（大写）：人民币叁拾伍元整	

注：付款通知书加盖我行业务公章方有效。

第二联 回章

图 9-1-16　付款通知书

（4）认真审核传递的空白凭证领用单第二联、手续费收费凭证支付通知书；确认无误签章退回窗口。

（5）银行传递现金支票及现金支票领购配售簿（见图 9-1-17）。

支票（现金、转账）配售记录簿

日期	支票名称	支票起讫号码	数量	单位账号	单位名称	领有和签章
2019年 7月6日	*转账支票*	*218001~ 218020*	*1本*	*6212260293576000028*	*北京富源股份有限公司*	

图 9-1-17　支票（现金、转账）配售记录簿

（6）核对支票张数（每本 20 张，号码 218001 ~ 218020），确认无误后，在现金支票领购配售簿登记签章。

7. 根据业务 7 出纳员按下列步骤完成工作

（1）在支票领购登记簿（见图 9-1-18）上登记，将购买的现金支票锁入保险柜。

支票（现金、转账）配售记录簿

日期	支票名称	支票起讫号码	数量	用途	签章	备注
2019年 9月6日	*转账支票*	*218001 ~ 218020*	*1本*			

图 9-1-18　支票（现金、转账）配售记录簿

（2）根据银行盖章的空白凭证领用单、手续费收费凭证支付通知书，编制银行付款凭证（附件 2 张：工本费空白凭证领用单第二联、手续费收费凭证支付通知）。

（3）根据银行付款凭证登记银行存款日记账。

8. 根据业务 8 出纳员按下列步骤完成工作

（1）审核费用报销单（见图 9-1-19）和出差费用报销单相关内容及所附原始凭证（见图 9-1-20 ~ 图 9-1-23）。

北京富源股份有限公司　　费用报销单

购物（或业务往来）日期：*2019 年 7 月 10 日*			背面附原始凭证 *1* 张			
	内　　　容		发票号	单位	数量	金额
1	*出差报销*					*2 914*
2						
3						
备注：						
实报金额（大写）*贰仟玖佰壹拾肆元整*　　　　￥*2 914.00*						
审批	*李富源*	稽核	*张兰*	出纳	*王晓丽*	经手人 *刘明*

报销日期：*2019 年 7 月 10 日*

图 9-1-19　费用报销单

续表

北京富源股份有限公司　出差费用报销单

出差事由		赴上海出差开会			填报日期:	2019 年 7 月 10 日				
月日	起止时间	起讫地点	车船费		途中补贴		误餐补贴	住宿费	市内交通费	其他
			车次	金额	金额	天数	金额	金额		
7月2日	午 时 分 午 时 分	北京至上海		197		6	1 800	600		
7月7日	午 时 分 午 时 分	上海至北京		197						
	午 时 分 午 时 分	至								
	午 时 分 午 时 分	至								
支 出 小 计				394		6	1 800	600		

图 9-1-20　出差费用报销单

图 9-1-21　火车票（往）

图 9-1-22　火车票（返）

项目 9　出纳岗位综合业务实训

图 9-1-23　增值发票

（2）清点退回的现金余款并开具收据一式三联（见图 9-1-24）。

图 9-1-24　收据

（3）由会计在收据上盖章后将第二联交给刘明。

（4）将退回的现金锁进保险柜。

（5）在费用报销单上签名。

（6）编制现金收款凭证［附件 5 张：费用报销单、火车票（2 张）、住宿费发票、收据第三联］。

（7）据现金收款凭证登记现金日记账。

9. 根据业务 9 出纳员按下列步骤完成工作

（1）审核与银行签订的借款合同（见图 9-1-25），到银行取回借款凭证（入账通知）（见图 9-1-26）。

149

中国交通银行借款合同

合同编号：2019 年 7 月 8 日　　字第 2652 号

借款人：北京富源股份有限公司
住（地址）：北京海淀区西小口路 16 号
法人代表：王国柱；财务主管：张兰；借款人：中国工商银行北京东升路支行
住所（地址）：北京市海淀区西小口路 359 号；法人代表：李富源
签订时间：2019 年 7 月 4 日
签订地点：北京海淀区西小口路 16 号

借款人因生产需要向贷款人申请人民币贷款五十万元整，期限为壹年（2019 年 7 月 6 日—2020 年 7 月 6 日）。根据我国有关法律规定，经双方当事人平等协商，自愿签订本贷款合同（以下简称"本合同"）。

第一条　定义与解释
1.1　在本合同中，下列术语具有如下含义：
1.1.1　"银行营业日"指贷款人所在地法定工作日。
1.1.2　"结息日"指每季最后一个月的最后一日。
1.1.3　"借款人"指依据本合同借用贷款的人，包括其继承人、受让人。
1.1.4　"贷款人"指依据本合同发放、管理贷款的银行，包括经办贷款和实施账户监管的银行。
1.1.5　"提款期"指借款人依据本合同第 6.1 条提取贷款的期间，包括推迟提款的期间。
1.1.6　"还款期"指借款人住所本合同第 6.7 条归还贷款的期间，包括贷款展期的期间。
1.1.7　"宽限期"指允许借款人迟延履行义务而不视为违约的期间。
下略

图 9-1-25　借款合同

工商银行（质押贷款）借款凭证（入账通知）

单位编号：398　　　　借款日期：2019 年 7 月 11 日　　　　编号：0589

收款单位	名　称	北京富源股份有限公司	借款单位	名　称	北京富源股份有限公司
	往来户账号	6212260293576000028		往来户账号	6212260293576000028
	开户银行	中国工商银行北京东升路支行		开户银行	中国工商银行北京东升路支行
借款金额		伍拾万元整		百十万千百十元角分 ¥ 5 0 0 0 0 0 0 0	
借款原因及用途		资金周转	借款利率	6%	

借款期限				你单位上列借款已转入你单位结算户内。借款到期时由我行按期自你单位结算户转还。 借款单位 （银行盖章） 中国工商银行 北京东升路支行 2019.07.11 业务受理章
期次	计划还款日期	√	计划还款金额	
1				
2				
3				
备注				

此联由银行退借款单位作入账通知

图 9-1-26　借款凭证（入账通知）

（2）在审核无误的借款凭证（入账通知）上加盖"银行收讫"印章。

（3）根据借款合同和借款凭证（入账通知）编制银行收款凭证［附件 2 张：借款合同、

借款凭证（入账通知）]。

（4）根据银行收款凭证登记银行存款日记账。

10. 根据业务 10 出纳员按下列步骤完成工作

（1）根据费用报销单（见图 9-1-27）审核自来水公司的缴费通知书（见图 9-1-28），在支票使用簿内登记相关内容（见图 9-1-29），签发转账支票正面（见图 9-1-30）、反面（见图 9-1-31）有关内容并填制进账单一式三联（见图 9-1-32）。

北京富源股份有限公司　　费用报销单

购物（或业务往来）日期：2019 年 7 月 12 日				背面附原始凭证 2 张		
			发票号	单位	数量	金额
1	水费					7101
2						
3						
备注：						
实报金额（大写） 柒仟壹佰零壹元整 ￥7101.00						
审批	李富源	会计主管	张兰	稽核	孙新	经手人 王晓丽

图 9-1-27　费用报销单

缴费通知书

缴费日期：2019 年 6 月 12 日至 2019 年 7 月 1 日　　　　　　　　　　　　　　　　No 000583

收款单位名称	北京市自来水公司		收费电话			010-30944441					
缴费单位名称	北京富源股份有限公司		联系电话			010-73297772					
			联系人			李大军					
收费项目名称	计量数量（吨）	收费标准	金额								
			千	百	十	万	千	百	十	元	角 分
水资源费	900	6.21				5	5	8	9	0	0
污水处理费	900	1.68				1	5	1	2	0	0
合　　　计					￥	7	1	0	1	0	0
人民币（大写）：柒仟壹佰零壹元整											
经办人：王新建		签收人：张金丽			开票日期：2019 年 7 月 20 日						

图 9-1-28　缴费通知书

支票（现金、转账）使用登记簿

部门	支票号	领用人	领用日期	用途	对方单位	金额
账务部	30136758 33585059	王晓丽	2019 年 7 月 12 日	付水费	自来水总公司	￥7101

图 9-1-29　支票（现金、转账）使用登记簿

建设银行											
转账支票存根											
30136758											
33585059											

建设银行　转账支票　　10503720　07366356

出票日期（大写）：**贰零壹玖年零柒月壹拾贰日**　付款行名称：**工行东升路支行**
收款人：**北京市自来水公司**　　出票人账号：**6212260293576000028**

人民币（大写）	柒仟壹佰零壹元整	亿	千	百	十	万	千	百	十	元	角	分
							¥	7	1	0	1	0	0

用途　**付水费**　　　　　密码　**87467846**
上列款项请从　　　　　　行号
我账户内支付
出票人签章　　　　　　　复核**孙新**　记账

附加信息
出票日期：**2019**年**7**月**12**日
收款人：**北京市自来水公司**
金额：**¥7 101.00**
用途：**付水费**
单位主管：**李富源**　会计：**李文**

图 9-1-30　转账支票（正面）

附加信息	被背书人	被背书人
	背书人签章	背书人签章
	年　月　日	年　月　日

（粘贴单处）

根据《中华人民共和国票据法》等法律法规的规定，签发空头支票由中国人民银行处以票面金额5%但不低于1 000元罚款。

图 9-1-31　转账支票（反面）

建设银行 进账单

2019年**7**月**12**日

收款人	全称	北京市自来水公司	付款人	全称	北京富源股份有限公司
	账号或地址	625363453729486524		账号或地址	6212260293576000028
	开户银行	建设银行北京百万庄支行		开户银行	工商银行北京东升路支行

金额	人民币（大写）	柒仟壹佰零壹元整	千	百	十	万	千	百	十	元	角	分
								¥	7	1	0	1	0	0

票据种类：转账支票　收款人客户回单

建设银行
北京百万庄支行
2019.07.12
转讫

此联是开户银行给收款人的收账通知

图 9-1-32　进账（回单）

（2）转账支票交会计主管和法人分别加盖财务专用章和法人印章，预留银行印鉴（正反面均加盖）。

（3）使用密码器操作，生成支付密码，并将支付密码填入转账支票密码区域（假设支付密码器生成的支付密码为 87467846）。

（4）审核无误后，将转账支票的存根剪下留存，带其正本和进账单一式三联到开户银行办理付款。

（5）银行柜员审核后，留下审核无误的支票正本及进账单二、三联，退回进账单回单联。

（6）将审核无误的进账单拿回单位，在费用报销单相应位置签名并加盖"银行付讫"印章。

（7）根据支票存根、进账单回单编制银行付款凭证（附件4张：费用报销单、现金支票存根、进账单回单、发票）。

（8）根据银行付款凭证登记银行存款日记账。

小贴士

"倒送支票"时正反面均要盖章。

11. 根据业务11出纳员按下列步骤完成工作

（1）到开户银行取回托收凭证（收账通知）联（见图9-1-3），在托收登记簿上核销登记7月5日办理托收时的记录（见图9-1-33）。

托收承付、委托收款登记簿

2019 年 7 月 5 日

购货单位	发货日期	发票号码	运费单号	发出商品及材料		托收承付、委托收款记录				收款记录					
				名称	数量	实际成本	委托日期	凭证号码	货款金额	运费金额	小计	已收		拒付	
												日期	货款金额	运费金额	日期	金额	理由
慧达公司	7月5日	00034689		车床	10	20 000.00	7月5日	836754	234 000.00		234 000.00	7月13日	234 000.00			

图 9-1-33 托收承付、委托收款登记簿

（2）与7月5日办理托收的银行回单联（见图9-1-13）进行核对，在托收凭证收账通知联（见图9-1-3）加盖"银行收讫"印章。

（3）根据托收凭证收账通知联和回单联编制银行收款凭证（附件2张：托收凭证收账通知联和回单联）。

（4）根据银行收款凭证登记银行存款日记账。

注意做好托收货款的相关台账记录。

12. 根据业务12出纳员按下列步骤完成工作

（1）审核信汇凭证收账通知联（见图9-1-34）。

中国工商银行信汇凭证（收款通知）

汇款单位编号：			委托日期：2019年6月30								第 003425 号	
汇款人	全称	新华有限责任公司			收款人	全称	北京富源股份有限公司					
	账号或地址	6212180376359264321				账号或地址	6212260293576000028					
	汇出地点	山西省临汾市	汇出行名称	工商银行临汾柳南支行		汇入地点	北京市		汇入行名称	工商银行北京东升路支行		
金额	人民币（大写）	肆仟元整			千	百	十	万	千	百	十 元 角 分
									¥ 4	0	0 0 0 0
汇款用途：支付前欠货款					工商银行北京东升路支行 2019.06.30 转讫 汇入银行签章							

此联是给收款单位的作账通知

图9-1-34 银行信汇凭证（收款通知）

（2）在审核无误的信汇凭证收账通知上加盖"银行收讫"印章。

（3）根据信汇凭证收账通知联编制银行收款凭证（附件1张：信汇凭证收账通知联）。

（4）根据银行收款凭证登记银行存款日记账。

> 注意做好收回货款的相关台账记录。

13. 根据业务 13 出纳员按下列步骤完成工作

（1）在银行窗口接到传递的进账单收账通知第三联，当面审核（见图 9-1-35）。

中国工商银行进账单（收账通知）

2019 年 7 月 17 日

收款人	全称	北京富源股份有限公司	付款人	全称	丽源有限责任公司
	账号或地址	6212260293576000028		账号或地址	6220287456732135689
	开户银行	工商银行北京东升路支行		开户银行	
金额	人民币（大写）	捌万捌仟元整	千 百 十 万 千 百 十 元 角 分 ¥ 8 8 0 0 0 0 0		
票据种类	转账支票 34652009		收款人开户银行盖章	工商太原并州路支行 2019.07.17 转讫	

图 9-1-35　进账单（收账通知）

（2）将审核无误的进账单拿回单位，在收账通知第三联上加盖"银行收讫"印章。

（3）根据进账单收账通知第三联编制银行收款凭证（附件 1 张：进账单收账通知第三联）。

（4）根据银行收款凭证登记银行存款日记账。

> 收到进账单收账通知第三联意味款项银行已存入公司账户。

14. 根据业务 14 出纳员按下列步骤完成工作

（1）根据费用报销单（见图 9-1-36）审核邮局订报发票金额（见图 9-1-37），在支票使用簿中登记相关内容（见图 9-1-38）。

北京富源股份有限公司　　费用报销单

购物（或业务往来）日期：2019 年 7 月 20 日　　　　　　　　　背面附原始凭证 2 张

	内　容	发票号	单位	数量	金额
1	下半年报刊费				885
2					
3					

备注：

实报金额（大写）**捌佰捌拾伍元整**　　　　¥ 　885

| 审批 | *李富源* | 会计主管 | *张兰* | 稽核 | *孙新* | 经手人 | *王维亚* |

图 9-1-36　费用报销单

中国邮政报刊费收据

发 011

户　名：北京富源股份有限公司　　　　　　　　日期：2019 年度
地　址：北京市海淀区西小口路
查询号：32070000040418　　　　　　　　收订局：邮政储蓄银行北京邮电大学支局

序号	报刊代号	报进名称	起止订期	份数	定价	款额	备注
1.	1～16	北京日报	1707—12.31	1	24.00	288.00	
2.	1～41	人民日报	1707—12.31	1	25.00	300.00	
3.	1～68	经济日报	1707—12.31	1	24.75	297.00	

共计款额（大写）**捌佰捌拾伍元整**　　　　　　　　　　　¥ 　885.00

营业员：李平

注意：1. 请核对填制内容是否正确，是否加盖章戳。
　　　2. 如有查询、退订、改址等事项，请交验 此收据。
　　　3. 报刊名称前带 * 表示不可退订。

图 9-1-37　中国邮政报刊费收据

支票（现金、转账）使用登记簿

部门	支票号码	领用人	领用日期	用途	对方单位	金额
经理办公室	30136758 33585058	王维亚	2019 年 7 月 22 日	报销报刊费	北京邮电大学支局	¥ 885.00

图 9-1-38　支票（现金、转账）使用登记簿

（2）签发转账支票（见图 9-1-39）。

图 9-1-39　转账支票

（3）交会计主管和法人分别加盖财务专用章和法人印章，预留银行印鉴。
（4）使用密码器操作，生成支付密码，并将支付密码填入转账支票密码区域（假设支付密码器生成的支付密码为 874357682）。
（5）审核无误后，将转账支票的存根剪下留存，将其正联交王维亚送邮局。
（6）在费用报销单上加盖"银行付讫"印章。
（7）根据支票存根及邮局发票编制银行付款凭证（附件 2 张；支票存根、报刊费发票）。
（8）根据银行付款凭证登记银行存款日记账。

小贴士

> 由付款方签发支票交收款方并到银行办理付款事项，俗称"正送支票"。

15. 根据业务 15 出纳员按下列步骤完成工作

（1）根据费用报销单（见图 9-1-40）审核发票金额（见图 9-1-41、图 9-1-42），在支票使用簿内登记相关内容（见图 9-1-43），签发转账支票正面（见图 9-1-44）、反面（见图 9-1-45）有关内容并填制进账单一式三联（见图 9-1-46）。

北京富源股份有限公司　费用报销单

购物（或业务往来）日期：2019 年 7 月 23 日				背面附原始凭证 2 张		
	内　容	发票号	单位	数量	金额	
1	夏季防暑福利				24 200	
2						
3						
备注：						
实报金额（大写）贰万肆仟贰佰元整		¥ 24 200.000				
审批	**李富源**	会计主管	**张兰**	稽核	**孙新**	经手人

图 9-1-40　费用报销单

山西省地方税务局通用机打发票
发 票 联

日期：2019 年 7 月 23 日　　　行业分类：　　　发票代码：21402131488
　　　　　　　　　　　　　　　　　　　　　　发票号码：01880271
　　　　　　　　　　　　　　　　　　　　　　防伪码：05214746312320696519

机打代码	21402131488		机打号码	01880271	
付款单位名称	北京富源股份有限公司				
项目	单位	单价	数金额	金额	
茶 叶 等				24 200	备注：
合 计	（大写）贰万肆仟贰佰元整			¥ 24 200.00	
收款方（章）	山西星星食品有限责任公司		纳税人识别号	14012258120412-X	

图 9-1-41　发票

办公用品验收单

发票号码：2873

供应商：山西星星食品有限责任公司　　2019 年 7 月 23 号

名称	单位	数量	单价	金额								备注
				百	十	万	千	百	十	元	角	分	
白糖	袋	200	10.00				2	0	0	0	0	0	附件
茶叶	桶	200	100.00			2	0	0	0	0	0	0	
绿豆	克	200	5.00				1	0	0	0	0	0	张
花露水	瓶	100	12.00				1	2	0	0	0	0	
合计				¥		2	4	2	0	0	0	0	

图 9-1-42　办公用品验收单

项目9 出纳岗位综合业务实训

北京富源股份有限公司支票（现金、转账）使用登记簿

部门	支票号码	领用人	领用日期	用途	对方单位	金额
	30136758 33585057		2019年7月23日	购买劳保用品	山西星星食品公司	24200.00

图 9-1-43　支票使用登记簿

工商银行
转账支票存根
30136758
33585057

附加信息
_____
_____

出票日期：2019年7月23日
收款人：山西星星食品有限公司
金额：¥24 200.00
用途：购买劳保用品
单位主管：李富源　会计：李文

工商银行　转账支票　　30136758　33585057

本支票付款期限十天

出票日期（大写）：贰零壹玖年零柒月贰拾叁日　付款行名称：工商银行东升路支行
收款人：山西星星食品有限公司　　出票人账号：6212260293576000028

人民币（大写）	贰万肆仟贰佰元整	千	百	十	万	千	百	十	元	角	分
				¥	2	4	2	0	0	0	0

用途：购买劳保用品　　　　　　　　　密码　874357682
上列款项请从　　　　　　　　　　　　行号_____
我账户内支付
出票人签章　　　　　　　　　　　　复核　　记账

图 9-1-44　转账发票（正面）

附加信息	被背书人	被背书人	（粘贴单处）
	背书人签章 年　月　日	背书人签章 年　月　日	根据《中华人民共和国票据法》等法律法规的规定，签发空头支票由中国人民银行处以票面金额5%但不低于1 000元罚款。

图 9-1-45　转账发票（背面）

159

（2）交会计主管和法人分别加盖财务专用章和法人印章，预留银行印鉴（正、反面均加盖）。

（3）审核无误后，将转账支票的存根剪下留存，带其正本和进账单一式三联到开户银行办理付款。

（4）银行柜员在审核后留下审核无误的支票正本及进账单二、三联，退回进账单回单联（见图9-1-46）。

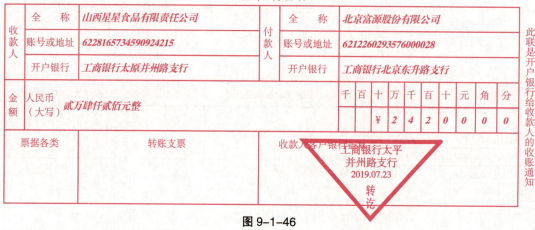

图9-1-46

（5）将审核无误的进账单带回单位，在费用报销单（见图9-1-40）上签名，并加盖"银行付讫"印章。

（6）根据支票存根、进账单回单编制银行付款凭证（附件5张：费用报销单、现金支票存根、进账单回单、发票、验收单）。

（7）根据银行付款凭证登记银行存款日记账。

小贴士

由付款方签发支票并到银行办理付款事项，俗称"倒送支票"。

16. 根据业务16出纳员按下列步骤完成工作

（1）审核费用报销单（见图9-1-47）及发票（见图9-1-48）。

项目9　出纳岗位综合业务实训

北京富源股份有限公司　　费用报销单

购物（或业务往来）日期：2019 年 7 月 24 日			背面附原始凭证　1　张		
	内　　　　　容	发票号	单位	数量	金额
1	培训费				1 800
2					
3					
备注：					
实报金额（大写）壹仟捌佰元整　　　　　¥ 1 800.000					
审批　李富源	会计主管　张兰		出纳　王晓丽	经手人	

图 9-1-47　费用报销单

北京市 2019 年社会力量办学收费票据

缴费单位　北京富源股份有限公司　　　2019 年 7 月 15 日　　　　　　缴款方式：支票

No 006292

项目编号	项目名称	计算单位	计费数量	收费标准	金　　额	
	会议培训费				1 800.00	第二联收据
合计	（小写）¥ 1 800.00					
金额合计	人民币壹仟　捌佰　零拾　零元　零角　零分					
备注						

收费单位（公审）：　　　　　主管：　　　　　收款人（盖章）：孙明

图 9-1-48　收费发票

（2）审核无误后，从保险柜中取出现金 1 800 元，点数复核后交付魏东宇。

（3）在费用报销单相应位置签名，加盖"现金付讫"印章。

（4）根据费用报销单和收费票据编制现金付款凭证（附件 2 张：费用报销单、发票）。

（5）根据现金付款凭证登记现金日记账。

小贴士

养成良好的职业习惯，做到"日事日毕，日清日高"。

17. 根据业务 17 出纳员按下列步骤完成工作

（1）审核工资结算汇总表（见表 9-1-1）。

表 9-1-1　工资结算汇总表

2019 年 6 月　　　　　　　　　　　　　　　　　　　　　　　　　　　单位：元

车间、部门名称		标准工资	奖金	加班工资	津贴补贴	应付工资	代扣款项			实发工资
							医疗保险	养老金	公积金	
第一车间	生产工人	19 000	5 000	2 100	3 500	29 600	700	2 900	2 600	23 400
	管理人员	11 000	3 500		2 400	16 900	600	3 000	2 700	10 600
第二车间	生产工人	16 000	2 600	2 500	4 300	25 400	500	2 700	2 300	19 900
	管理人员	10 700	2 100		3 200	16 000	700	3 600	3 400	8 300
辅助生产车间		13 000	5 300	1 500	1 300	21 100	300	1 900	1 500	17 400
厂部管理人员		14 000	6 300			24 500	450	3 700	3 200	17 150
医务部门		5 300	2 400		1 000	8 700	200	1 400	1 200	5 900
工程人员		5 500	2 800		1 200	9 500	150	1 100	900	7 350
合计		94 500	3 000	6 100	21 100	15 170	3600	2 030	1 780	11 000

（说明：该表中应有每个职工姓名及领取工资的详细情况在此模拟中省略。）

（2）根据审核无误的工资汇总表填制费用报销单（见图 9-1-49）。

北京富源股份有限公司　　费用报销单

购物（或业务往来）日期：*2019 年 7 月 25 日*　　　　　　背面附原始凭证 *2* 张

	内　　容	发票号	单位	数量	金额
1	发放 6 月份工资	30136758 3358560			110 000
2					
3					

备注：

实报金额（大写）*壹拾壹万元整*　　　　　¥ *110 000.00*

审批	*李富源*	会计主管	*张兰*	出纳	*王晓丽*	经手人	

图 9-1-49　费用报销单

（3）在支票使用簿内登记相关内容（见图 9-1-50），签发转账支票，填写正面（见图 9-1-51）、反面（见图 9-1-52）有关内容，填制进账单一式三联（见图 9-1-53）。

项目9　出纳岗位综合业务实训

支票（现金、转账）使用登记簿

部门	支票号	领用人	领用日期	用途	对方单位	金额
财务部	40915382	王晓丽	2019.7.25	发放工资		110 000

图 9-1-50　支票（现金、转账）使用登记簿

工商银行
转账支票存根
30136758
33585060

附加信息

出票日期：2019 年 7 月 25 日
收款人：北京富源股份有限公司
金额：¥110 000.00
用途：发放工资
单位主管：李富源　会计：李文

工商银行　转账支票　　　　30136758
　　　　　　　　　　　　　33585060

出票日期（大写）：贰零壹玖年零柒月贰拾伍日　付款行名称：工商银行东升路支行
收款人：北京富源股份有限公司　　出票人账号：6212260293576000028

人民币（大写）　壹拾壹万元整

亿	千	百	十	万	千	百	十	元	角	分
		¥	1	1	0	0	0	0	0	0

用途：发放工资　　　　　　　　密码　5643890
上列款项请从　　　　　　　　　行号
我账户内支付
出票人签章　　　　　　　　复核　　　记账

本支票付款期限十天

图 9-1-51　转账支票（正面）

附加信息	被背书人	被背书人	（粘贴单处）	根据《中华人民共和国票据法》等法律法规的规定，签发空头支票由中国人民银行处以票面金额5%但不低于1 000元罚款。
	背书人签章 年　月　日	背书人签章 年　月　日		

图 9-1-52　转账支票（反面）

（4）支票交会计主管和法人分别加盖财务专用章和法人印章，预留银行印鉴（正、反面均加盖）。

（5）使用密码器操作，生成支付密码，并将支付密码填入现金支票密码区域（假设支付密码器生成的支付密码为5643890）。

（6）审核无误后将转账支票的存根剪下留存，同时向银行上传个人账号及发放金额信息（此操作略）。带其正本和进账单一式三联到开户银行办理付款。

（7）银行柜员在审核后留下审核无误的支票正本及进账单二联、三联，退回进账单回单联（见图9-1-53）。

工商银行进账单（回单）

2019年7月25日

收款人	全称	北京富源股份有限公司	付款人	全称	北京富源股份有限公司
	账号或地址	6212260293576000028		账号或地址	6212260293576000028
	开户银行	工商银行北京东升路支行		开户银行	工商银行北京东升路支行
金额	人民币（大写）	壹拾壹万元整		千百十万千百十元角分	￥1 1 0 0 0 0 0 0
票据各类		转账支票	付款人客户	中国工商银行 北京东升路支行 2019.07.25 转讫	

图9-1-53　进账单（回单）

（8）将审核无误的进账单带回单位，在费用报销单（见图9-1-49）相应位置签名并加盖"银行付讫"印章。

（9）根据支票存根、进账单回单编制银行付款凭证（附件4张：费用报销单、转账支票存根、进账单回单、工资汇总发放表）。

（10）根据银行付款凭证登记银行存款日记账。

小贴士

　　开户银行按照代发工资协议约定和出纳提供的代发工资清单，按时将应发给员工的工资足额转入员工个人账户，并向公司收取一定的手续费。

18. 根据业务18出纳员按下列步骤完成工作

（1）审核费用报销单（见图9-1-54）及发放清单（见图9-1-55）。

北京富源股份有限公司　　费用报销单

购物（或业务往来）日期：*2019*年*7*月*25*日			背面附原始凭证 *1* 张			
	内　　容		发票号	单位	数量	金额
1	*6月劳务费*					*4 500*
2						
3						
备注：*根据所签 劳务合同工资标准发放*						
实报金额（大写）*肆仟伍佰元整*		¥ *4 500.00*				
审批	*李富源*	会计主管	*张兰*	出纳	*王晓丽*	经手人 *刘丹*

图 9-1-54　费用报销单

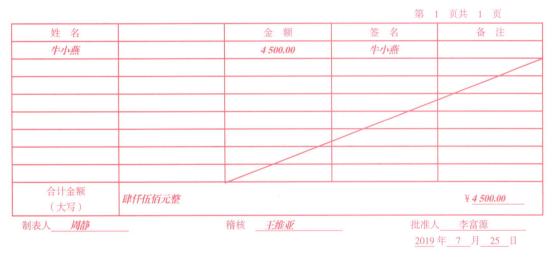

图 9-1-55　发放清单

（2）审核无误后，从保险柜中取出现金 4 500 元，点数复核后交付牛小燕。

（3）在费用报销单相应位置签名加盖"现金付讫"印章。

（4）根据费用报销单和发放清单编制现金付款凭证（附件 2 张：费用报销单、发放清单）。

（5）根据现金付款凭证及时登记现金日记账。

19. 根据业务 19 出纳员按下列步骤完成工作

（1）在支票使用簿内登记相关内容（见图 9-1-56），签发现金支票，填写现金支票正面（见图 9-1-57）、反面（见图 9-1-58）有关内容。

（2）交会计主管和法人分别加盖财务专用章和法人印章，预留银行印鉴（正反面均加盖）。

北京富源股份有限公司支票（现金、转账）使用登记簿

部门	支票号码	领用人	领用日期	用途	对方单位	金额
财务部	30136758 07366357	王晓丽	2019年7月25日	备用金		5 000.00

图9-1-56 支票（现金、转账）使用登记簿

图9-1-57 现金支票（正面）

图9-1-58 现金支票（反面）

（3）使用密码器操作，生成支付密码，并将支付密码填入现金支票密码区域（假设支付密码器生成的支付密码为2154367）。

（4）审核无误后，将现金支票的存根剪下留存，带其正本到开户银行提取现金。

（5）从银行提回现金放入保险柜，在审核无误的现金支票存根上加盖"银行付讫"章。

（6）根据现金支票存根编制银行付款凭证（附件1张：现金支票存根）。

（7）根据银行付款凭证登记现金、银行存款日记账。

小贴士

携带提取的现金一定要注意安全,数额较大时可叫同伴一同前往,以保证人、财安全。

20. 根据业务 20 出纳员按下列步骤完成工作

(1)仔细审核查看所退支票正联,确认无误后将印鉴不清晰的支票加盖"作废"章。

(2)在支票登记簿内对本张支票备注"作废"。

(3)重新开具一张与原用途内容完全相同的转账支票。

(4)将新支票存根与原支票存根替换(已做入账附件)。

(5)将作废的支票存根联和正联粘贴在一起,与未用的支票一起保管,由公司统一处理。

21. 根据业务 21 出纳员按下列步骤完成工作

(1)审核证明(见图 9-1-59),开具一式三联收据(见图 9-1-60)。

证　明

　　本人回收北京富源股份有限公司废旧物品一批,价值 950 元。废品款项交给王媛现金 950 元(人民币大写:玖佰伍拾元整)。

　　特此证明。

经办人:*高宝乐*

2017 年 *7* 月 *26* 日

图 9-1-59　证明

收　据

2019 年 *7* 月 *10* 日　　　　　字 No 0000623

今收到　　*王媛*

交　来　　*清理废旧物品款项,金额为*

人民币(大写)　*玖佰伍拾元整*　　　　￥ *950.00*

收款单位　*北京富源股份有限公司*

图 9-1-60　收据

(2)将收据交会计主管加盖财务专用章,撕下第二联和第三联。

(3)将现金 950 元点数复核后放入保险柜,将盖章的第二联收据交王媛。

(4)在第三联收据上加盖"现金收讫"印章。

(5)根据证明和第三联收据填制现金收款凭证(附件 2 张:证明和第三联收据)。

（6）根据现金付款凭证及时登记现金日记账。

22. 根据业务22 出纳员按下列步骤完成工作

（1）填制现金解款单（见图9-1-61，一式两联），连同现金一起到银行办理现金交款，并取回加盖银行印章的现金解款单回单第一联。

工商银行（东升支行）现金解款单（回单）

2019 年 7 月 27 日

此联由收款单位开户银行代凭证	收款单位	全 称	北京富源股份有限公司					款项来源	废品收入									附件
		账 号	6212260293576000028					解款部门	生产车间									
	人民币（大写）		玖佰伍拾元整						百	十万	千	百	十	元	角	分		
											￥	9	5	0	0	0		
	票面	张数	种类	千	百	十	角	分	会计分录： （贷） 对方 科目（借）									张
	壹佰元		贰 元															
	伍拾元		壹 元															
	贰拾元		伍 角															
	拾 元		壹 角															
	伍 元		封 包						会计：李文		记账：							
								（收款银行盖章）	复核：		出纳：王晓丽							

图 9-1-61　现金解款单（回单）

（2）在审核无误的现金解款单回单第一联上加盖"现金付讫"印章。

（3）根据审核无误的现金解款单回单联编制现金付款凭证（附件1张：现金解款单回单第1联）。

（4）根据现金付款凭证登记现金、银行存款日记账。

23. 根据业务23 出纳员按下列步骤完成工作

（1）根据实盘金额、现金日记账的期末余额编制库存现金盘点表（见图9-1-62）。

（2）出纳与财务主管分别在盘点表上签字确认。

库存现金盘点表

单位名称：北京富源股份有限公司　　　　　　　　　　　　　　　　日期：2019 年 7 月 29 日

部门		财务部
会计期间		
项目	行次	金额
现金账面余额（盘点日）4 026.21（元）	1	100元 35张
加：未记账的收款凭证	2	50元 10张
减：未记账的付款凭证	3	10元 2张
调整后现金余额	4	5元 1张
实际盘点现金余额 4 025（元）	5	
盘点结果：		
实存－账面＝4 025－4 026.21＝－1.21（元）		

出纳：王晓丽　　　　　　　　　会计主管：张兰

图 9-1-62　库存现金盘点表

24. 根据业务 24 出纳员按下列步骤完成工作

（1）审核工商银行已入账利息传票。

（2）在审核无误的工商银行已入账利息传票上加盖"银行收讫"章。

（3）根据工商银行已入账利息传票编制银行收款凭证（附件 1 张，工商银行已入账利息传票）。

（4）根据银行收款凭证登记银行存款日记账。

25. 根据业务 25 出纳员按下列步骤完成工作

（1）出纳王晓丽收到银行对账单（见图 9-1-63）后，及时与银行存款日记账进行核对。

银行对账单

单位：元

2019年		结算方式	借方	贷方	借或贷	结余（借/贷）	金额
月	日		种类	号码			
6	3					贷	460 583.65
7	3	汇票	8988	50 000.00		贷	410 583.65
	3	现支	6356	5 000.00		贷	405 583.65
	4	转入	8213		35 000	贷	440 583.65
	5	转支	002	10		贷	440 573.65
	5	转支	002	25		贷	440 548.65
	11	托收	001		234 000	贷	674 548.65
	11	信汇	425		4 000	贷	678 548.65
	11	转入			88 000	贷	766 548.65
	11	贷款	23		500 000	贷	1 266 548.65
	22	转支	5057	24 200		贷	1 242 348.65
	22	转支	5058	885		贷	1 241 463.65
	22	转支	5059	7 101		贷	1 234 362.65
	22	转支	5060	110 000		贷	1 124 362.65
	22	现支		5 000		贷	1 119 362.65
	1						

图 9-1-63　银行对账单

（2）核对时，银行对账单借方发生额核对的是银行存款日记账贷方发生额，银行对账单贷方发生额核对的是银行存款日记账借方发生额（方向相反）。

（3）记录内容相同的可用"√"在对账单和日记账上分别标记，表示核对一致。

（4）如果发现没有勾对上的项目，试分析未达账项，编制银行存款余额调节表（见图 9-1-64）。

银行存款余额调节表

年　月　日

项目	金额	项目	金额
银行存款日记账余额		银行对账单余额	
加：银行已收，企业未收		加：企业已收，银行未收	
减：银行已付，企业未付		减：企业已付，银行未付	
调节后的存款余额		调节后的存款余额	

图 9-1-64　银行存款余额调节表

参考文献

[1] 企业会计准则编审委员会.小企业会计准则讲解[M].北京：立信会计出版，2012.
[2] 会计从业资格无纸化考试教研组.财经法规与会计职业道德[M].北京：立信会计出版社，2012.
[3] 许长华.会计模拟实习[M].3版.北京：高等教育出版社，2012.
[4] 沈宝燕.出纳员岗位实训[M].2版.北京：高等教育出版社，2012.
[5] 许宝良.会计账簿登记与核对[M].北京：高等教育出版社，2016.
[6] 许宝良.记账凭证填制与审核[M].北京：高等教育出版社，2016.
[7] 许宝良.原始凭证填制与审核[M].北京：高等教育出版社，2014.
[8] 杭瑞友.出纳实务[M].北京：化学工业出版社，2016.